说不尽的紫禁城

段　勇◎著

一座紫禁城　岂止明清史

中华古文化　皇宫叹观止

故宫出版社

图书在版编目（CIP）数据

说不尽的紫禁城 / 段勇著 . — 北京 : 故宫出版社，2024.11

ISBN 978-7-5134-1613-9

Ⅰ . ①说… Ⅱ . ①段… Ⅲ . ①紫禁城—史料 Ⅳ . ① K928.74

中国国家版本馆 CIP 数据核字 (2024) 第 027812 号

说不尽的紫禁城

段勇◎著

出 版 人：果美侠

责任编辑：洪继昱

装帧设计：杨　光

出版发行：故宫出版社

地址：北京市东城区景山前街4号　邮编：100009

电话：010-85007800　010-85007817

邮箱：ggcb@culturefc.cn

制　　版：北京印艺启航文化发展有限公司

印　　刷：北京启航东方印刷有限公司

开　　本：787毫米×1092毫米　1/16

印　　张：16.5

版　　次：2024年11月第1版

2024年11月第1次印刷

印　　数：1-5000册

书　　号：ISBN 978-7-5134-1613-9

定　　价：86.00元

序

郑欣淼

段勇同志的《明清皇宫紫禁城》一书出版于 2006 年，18 年后的今天又要再版，更名为《说不尽的紫禁城》，说明这本书持续受到读者的欢迎，当然也显示了本书的价值。

明清皇宫紫禁城，就是今天的故宫。这本书，是作者发掘探索紫禁城这一世界文化遗产价值的成果。这个成果的最主要之处，就是着眼于遗产价值的完整性问题。这反映在以下几个方面：

作为古建筑的紫禁城的珍贵价值。建筑是实用艺术的典范，从一个侧面展示着人类文明的发展轨迹。伟大的建筑往往成为一个城市、一个民族乃至一个国家的象征物。紫禁城就是这样的建筑物。作者深入研究了紫禁城作为文化遗产主体的意义，探索了这一中国历代宫殿建筑的集大成者、古代宫城发展史上现存的唯一实例和最高典范所蕴含的深刻的政治、文化意义，如其建筑设计所反映的中国传统哲学思想（如天人合一）、伦理思想（如皇权至上）和美学思想（如壮丽重威、平衡对称）以及传统的阴阳五行学说等。

紫禁城是明清两朝文化的结晶。明清是中国历史上两个重要的王朝，既处于封建专制主义发展的巅峰时期，又处在我国封建社会即将灭亡的衰落时期。从社会形态角度考察，明清时期的政治、经济、文化有诸多共同点和延续性，紫禁城作为明清两代的皇宫就充分体现了这一点，本书的原书名和内容也鲜明地反映了这一点。作者认为，紫禁城不仅是明代修建的，而且在491年的明清宫廷史中，220多年的明代有着更为丰厚的积淀。清承明制，例如宫殿建筑、典章制度、宫规习俗等都有其明晰的因革变化过程与痕迹。因此紫禁城在世界文化遗产中被称作"明清故宫"，这个名称有着特定且丰富的含义。因年代远近问题，清宫留下的遗存相对多，好多人似乎认为故宫就是清故宫，其实此前是明故宫，明宫的遗存也不少，明清之间的联系不能无视或者割断。本书认真挖掘明代紫禁城的史料，注重两代宫廷史间的传承嬗变，分量相对平衡，论述也更全面。

紫禁城的建筑与历史文化相融合。作者说："一座紫禁城，半部明清史。"表明了紫禁城不只是一座建筑物，不是一个简单的"壳"，它和大量的宫廷文物珍藏、丰富的宫廷历史，都不是互不相干的孤立的存在，其中蕴藏着生动的人物和事件，且有着千丝万缕的联系，共同构成了宫廷历史文化多姿多彩的场景与长卷。作者揭示了这种联系，即以紫禁城建筑为中心，涉及与之有关的历史、文化、人物、事件、藏品、典籍等，使读者对明清皇宫紫禁城能有一个全景式的、纵深的了解。

本书向大家展现了紫禁城作为伟大的世界文化遗产，它的内涵丰富深邃、无与伦比，是有内在联系的文化整体。这是在挖掘阐释故宫价值后所获得的重要认识。

1987年，故宫（紫禁城）被列入世界文化遗产。世界遗产组织对故宫的评价是："紫禁城是中国5个多世纪以来的最高权力中心，它以园林景观和容纳了家具及工艺品的9000个房间的庞大建筑群，成为明清时代中国文明无价的历史见证。"

经过20多年故宫价值的持续发掘与保护实践，2012年，第36届世界遗产委员会会议文件对于故宫所具有的突出的普遍价值是这样表述的："北京故宫是中国古代宫城发展史上的最高典范。它为中国古代社会的后期发展，特别是礼制文化和宫廷文化提供了独特的见证。……其宫殿建筑技术和艺术反映了中国古代官式建筑的最高成就，对清朝300年间的中国官式建筑产生了广泛的影响。宫内的宗教建筑，特别是一系列的皇家佛堂建筑汲取了丰富的民族文化特色，见证了14世纪之后满、汉、蒙古、藏等民族在建筑艺术上的融汇与交流。同时，它所拥有的上百万件的珍贵皇家藏品、皇家生活用具以及大量古代工程技术的文字、图纸、烫样等档案载体，见证了中国明清时期的宫廷文化和典章制度。”这是无数专家学者共同探索的结果。应该说，其中也包括段勇同志的贡献。故宫文化的这种整体性、丰富性，使故宫成为取之不竭的文化宝藏。保护故宫及其藏品，就是保持我们与历代圣贤联系沟通的渠道，就是保护中华民族的文化根基。

正是在“故宫是一个文化整体”的基础上，“故宫学”应运而生。“故宫学”是21世纪以来快速发展起来的以故宫及其历史文化内涵为研究对象，集保护、整理、研究与展示为一体的综合性学问和开拓性学科。提出“故宫学”的根本目标在于充分挖掘故宫深厚的文化内涵，更好地传承中华文化和弘扬民族精神；其学术理想是为流散于海外的清宫旧藏提供学术归宿，更为海内外学者提供一份研究和认识中华历史文化的独特而珍贵的文物资源。《说不尽的紫禁城》自然也是“故宫学”研究的一个成果。

段勇同志是勤奋的。我们期待他在“故宫学”领域取得更多新的成果！

（本序作者为原文化部副部长、故宫博物院原院长、故宫学的创立者）

书画馆

内容提要

紫禁城，建于公元1406—1420年，是中国明（1368—1644年）、清（1644—1911年）两朝的皇宫。它作为中国（即“中央之国”）至高无上的皇帝（又称“天子”）居住的地方，对应着中国古代星象学中天帝所居的紫微垣（其核心为北极星），被视为世界的中心。

紫禁城平面呈矩形，围以10米高的城墙和52米宽的护城河，占地面积72.5万平方米，建筑面积15.5万平方米。在中轴线及其两侧，大致对称分布着90余组建筑群落，共有约980座单体建筑，现存8707余间房屋。它不仅是中国也是世界上现存规模最大、保存最完整的古代皇宫建筑群。其森严的城墙、雄伟的宫殿、秀丽的苑囿、肃穆的佛堂、精美的戏台、灵动的河流，构成了中国历史上形制最完备、结构最精致的皇宫，不愧是我国封建社会皇宫建筑、皇权思想、皇朝礼制发展到巅峰时期的杰作，代表着中国古代建筑技术和建筑艺术的最高水平。

紫禁城承载着中华5000年的传统文化。它是我国中央集权和国家统一的重要象征，反映了我国古代的哲学思想（如天人感应、阴阳五行）、伦理观念（如皇权至上、家国一体）、美学观念（如金碧辉煌、平衡对称）和儒家礼制（如五门三朝、左祖右社），堪称中国传统文化的百科全书和内涵最丰富的世界文化遗产之一，并由此成为人类文明的伟大象征之一。

紫禁城见证了中国明清两朝的风云变幻。在1911年辛亥革命前的500年间，这里一直是整个中国的政治中枢，先后有24位皇帝居住于此，许多重大历史事件和传奇故事就发生在这里。登基、大婚、殿试、经筵、祭祀等庄严恢宏的礼制盛典，“大礼议”、反太监专权、天理教事变等惊心动魄的政治斗争，“壬寅宫变”“梃击案”“雍正夺位”等波诡云谲的宫廷谜案，皇帝、后妃、皇子、太监、宫女等悲欢离合的奇特人生，使这里的一座座宫殿成为一部部无言的史书。

紫禁城还是中华国宝荟萃的圣地，是传统艺术展示的殿堂。明清皇家收藏的珍宝地域覆盖广（远及欧洲、美国）、时代跨度大（从新石器时代到近代）、种类数量多（180余万件各类艺术品）、品质等级高（皇家收藏），使紫禁城成为世界上最璀璨的人类艺术宝库之一。

本书围绕紫禁城的建筑及功能，广泛涉及有关的历史、文化、人物、事件、藏品、典籍，并以作者的最新创见补充前贤的研究成果，引领读者以全景的视角畅游紫禁城，穿越历史的时空，探寻皇宫的秘密……

目录

故宫航拍图

巍巍中国，悠悠华夏，5000 年文明古国传承过 80 余代王朝，孕育了 500 余位君主。作为文明和历史的重要载体，从茅茨土阶到雕梁画栋，中华大地上曾经先后矗立过近百座皇（王）宫，但是，几乎都未能穿越时空隧道，一一消逝在了历史的尘烟之中。然而，不幸中的万幸，历代皇宫中的璀璨明珠——明清皇宫紫禁城，历经风云变幻得以完整地保留了下来。

燕山脚下，渤海之滨，山川形胜控四方；长城内外，大漠南北，帝王都会成一统。紫禁城雄踞明清皇都北京城的中央，以之为核心，外面围绕着皇城、内城、外城两重三道城垣，共同构成明清两朝 500 年的统治中枢。这里曾经冠盖云集、车马辐辏，演绎过达官贵人的喜怒哀乐、市井百姓的悲欢离合。巍峨壮观的城池宫殿，星罗棋布的坛庙苑囿，见证了中国封建社会最后的辉煌，至今映射着斑斓的余晖。从建筑说历史，历史不再遥远；从历史看建筑，建筑不再沉默。

紫禁城内，宫、殿、垣、庑，楼、阁、亭、台，廊、桥、门、道，山、河、池、井，样样俱全，自成一体，鳞次栉比，高低错落。观之犹如立体的书画，宫殿为主题，苑囿相衬托，此处浓墨重彩，彼处轻描淡写，此处工笔细摹，彼处信手涂鸦，疏密浓淡，无不相宜；赏之又似固化的音乐，中轴线奏主旋律，东西路则弹和声，时而高亢，时而低回，时而迅疾，时而舒缓，抑扬顿挫，各得其妙。

太和殿正面

—— 第一章 ——

九霄宫殿现人间

[天人感应，星象学；地理环境，堪舆学说；营建，工匠，材料，布局；儒家礼制；阴阳，五行，八卦；皇权至上；禁卫森严；格局变动]

在历史的日晷上，仿佛一夜之间，在中央之国的首善之都，崛起了一片金碧辉煌的嵯峨宫殿。它是传说中的九霄天宫在人世间的真实呈现，天人感应、阴阳五行的运用时隐时现，前朝后寝、左祖右社的布局中规中矩，宫殿亭台、山河苑囿的建造尽善尽美，皇权至上、家国一体的观念无处不在。

斗转星移，沧海桑田。当历史的车轮隆隆碾入公元15世纪时，中国的封建社会进入了堪与秦汉、唐宋比肩并峙的又一个鼎盛时期。中华传统文化也发展到了一个新的阶段，并渗透进社会生活的方方面面。钟灵毓秀的首善之都，象天立极的皇宫帝阙，自然成为集大成者。

在中国古代，人们相信天、地、人之间是交相感应的，天象、地候昭示着人间祸福，人世得失也会从天象、地候中反映出来，其中地候亦属于广义的天象，因此古人对天象十分关注和敬畏。虽然古人也有“天行有常，不为尧存，不为桀亡”的遗训，但历代帝王无论是虔诚信奉还是虚以应对，无不通过祭天、祀地、祈雩等隆重仪式，体现自己贵为天子、奉天承运的神圣；每逢灾变异象，则反躬自省，或督察臣僚，采取节食、减税、停工等大小措施，甚至下“罪己诏”颁告天下，以求挽回上天的宠眷。明代开国皇帝朱元璋曾下令搜集历代天人感应事例，分君臣两部分，汇编为《存心录》《躬省录》，用于自警及训诫臣下。清军入关后的第一个皇帝顺治帝也曾因反常天灾而引咎自责，说：“今水旱连年，民生困苦，是朕有负于上天作君之心。”康熙帝亦坚信“朕惟天人感召理有固然，人事失于下，则天变应于上，捷如影响，岂曰罔稽”。

为了便于参透“天机”，古人将肉眼可见的1000余颗星星划分为约300个“星官”（即星座或星座群），并根据其特点或形象命名，中间是三垣（紫微垣、太微垣和天市垣），四周是四象二十八宿（东方苍龙七宿：角、亢、氐、房、心、尾、箕，西方白虎七宿：奎、娄、胃、昴、毕、觜、参，南方朱雀七宿：井、鬼、柳、星、张、翼、轸，北方玄武七宿：斗、牛、女、虚、危、室、壁）。

古人在长期的观测中发现，日月星辰每时每刻在天空的位置都是不一样的，唯有北天极附近的一颗星似乎恒定不动，其余所有星辰都围绕它运转，因此将这颗星称为“帝星”（即北极星），与之相关的北辰（即北斗七星）被称为“帝车”，以其为核心的紫微垣被认为是至高无上的天帝居住的地方，相邻的太微垣和“主权衡，主聚众”的天市垣则分别被视为天庭的朝堂、集市，三垣一起组成传说中的天宫。

人间的皇帝又称“天子”，标榜其受命于天、替天行道，自然要效法天帝，天子居住的皇宫也要与天帝的紫微垣相对应。因此，孔子说：“为政以德，譬如北辰，居其所而众星共之。”史载：“始皇穷极奢侈，筑咸阳宫，因北陵营殿，

神武门

端门四达，以则紫宫、象帝居。引渭水灌都，以象天汉，横桥南渡，以法牵牛。”汉代皇宫中的未央宫别称“紫宫”，唐代的皇宫又称“紫禁”，李白有“晨趋紫禁中，夕待金门诏”的诗句。

天帝的紫微垣位于天的中心，人间的皇宫当然也应位于大地的中央。即所谓：“择天下之中而立国，择国之中而立宫”，“王者受命，创始建国立都，必居中土，所以总天地之和，据阴阳之正，均统四方”，“日至之景，尺有五寸，谓之地中，天地之所合也，四时之所交也，风雨之所会也，阴阳之所和也，然则百物阜安，乃建王国焉”。

古人相信：中国位于世界的中央，即“中央之国”，更有所谓“溥天之下，莫非王土；率土之滨，莫非王臣”的观念。过去认为中国乃至世界的中心是在

太和门金水桥全景

今西安或洛阳。宋代以后，随着航海技术的发展，人们已认识到世界有很大一部分是海洋，因此从元代开始，人们逐渐认为今北京一带才是世界的中心。元人李洧孙《大都赋并序》：“昔周髀之言，天如盖倚而笠欹，帝车运乎中央。北辰居而不移，临制四方，下直幽都，仰观天文，则北乃天之中也。”《元史·霸突鲁传》：“幽燕之地，龙蟠虎踞，形势雄伟，南控江淮，北连朔漠。且天子必居中以受四方朝觐，大王果欲经营天下，驻跸之所，非燕不可。”明人邓林《皇都大一统颂》:“营此北京,象彼北极。”明人陈敬宗《北京赋》:“适居天下之中央。”

在确定都城的具体位置时，还借助了堪舆学说。堪舆之法，首观龙势，次论格局，再定向位。以之衡量，北京为多丘陵、台地的冈龙之势，靠山面水、山环水绕的格局，乾龙入首、巽向水口、戌山辰向的向位，是一处龙蟠虎踞、凤翥鸾翔的风水宝地。《大明一统志》：“京师古幽蓟之地，左环沧海，右拥太行，北枕居庸，南襟河济，形胜甲于天下，诚所谓天府之国也。”

从地质角度看，紫禁城区域原有地形平坦，地下水位低，而且地层土质较好，地下基岩无断裂分布，并有大面积的黏土、砂、卵石沉积。这些都有利于构筑坚固的地基。

正因为具备如此好的条件，北京在历史上很早就成为王邑帝都之选。西周初年“故封建亲戚，以藩屏周”，将尧的后裔封于蓟，将宗室召公封于燕，后来燕灭蓟，早期都城在今北京西南琉璃河。秦代在此置蓟县，汉时设幽州，以蓟为治所。辽代并幽州后，在今北京莲花池一带建南京，又称燕京。金代在辽京基础上大规模扩建并迁都于此，命名为中都，仍称燕京，宫殿开始大量使用汉白玉和琉璃瓦。北京从此成为“楼阁峥嵘帝王家”（金章宗《宫中绝句》诗句）。传说金海陵王改筑燕京宫室，宫殿遍饰黄金，加施五彩，金屑飞空如落雪。元代以今北海一带为中心重新规划建设新的都城，取《易经》“大哉乾元”之义定名为大都，北京正式成为统一帝国的首都，据马可·波罗记述：“元大都宫殿屋

现代　杨令茀（摹）《明成祖朱棣像》轴

顶之瓦，皆红黄绿蓝及其他诸色，上涂以釉，光泽灿烂，犹如水晶。”后来元大都及其宫殿在元末战乱和明初“犁庭扫穴”过程中被拆毁殆尽。

明成祖朱棣初为燕王，“靖难之役”后夺位称帝，北京遂为“龙兴之地”。为巩固北部边疆，防止元代残余势力复辟，明成祖决意将都城由南京迁往北京，即所谓“天子戍边”，北京从此成为明清帝国的心脏。在内忧外患的情况下，营建北京城及皇宫的工程，一直是以建设北巡行在的名义于近乎保密的状态下进行的，从文献档案中很难查阅到有关的详细资料，但在长达 10 年的前期工程中大运河一直“舳舻运转如丝连”，忙于运输各种建筑材料。明永乐四年（1406 年）至永乐十八年（1420 年）间正式动工兴建，其间除因两次北征蒙古而暂停外，前后历时 14 年完成了皇宫的主体营建工程。传说“鼎建北京宫殿，有瑞霭浮空……团圞如日，正当御座中且现五色天花”。

近年来的勘探发现，明代修建紫禁城时，首先在这一区域人工构筑了深 3 米至 8.5 米不等的地基垫层，采用了夯筑、换土、打桩、加筏等方式加固，重要宫殿和城门之下更以砖石层和夯土层构筑成坚实的地基。

紫禁城应是在精心规划和设计后，用很短时间建成主体建筑，然后逐步建

“样式雷”烫样

造附属建筑。动工之初，就预留了未来的发展空间，建内宫墙时还预留了进料口，至今尚有券洞遗迹，一说此为宫廷卫兵值守的“避风洞”，兼临时贮存军械的“堆拨”。整个工程建设时间短，建造难度大，建筑材料精，营建质量高。

据史料记载：“肇建北京，焦劳圣虑，几二十年。工大费繁，调度甚广，冗官蚕食，耗费国储。工作之夫，动以百万，终岁供役，不得躬亲田亩以事力作，犹且征求无艺，至伐桑枣以供薪，剥桑皮以为楮”，“所费数以万计，役死军士百姓不计其数”。在紫禁城完全竣工前，明成祖似乎曾亲临视察甚至已经入住，例如永乐十三年（1415 年）成祖与后妃、大臣登上午门城楼与民众一起观赏鳌山灯；永乐十五年（1417 年）冬天，金水河结冰“具楼阁龙凤花卉之状”，成祖视为吉兆，赐令群臣前往观赏。为了尽快充实和发展新首都，明成祖还强令江浙、山西等地的部分殷实大户举家迁居北京。

历史文献记载了部分参与营建紫禁城的能工巧匠，如：明代“董建北京宫殿”“总其事”的泰宁侯陈珪，督办木材的宋礼、师逵，督烧砖瓦的张思恭，“督造”薛禄、郭义，“董匠作”的阮安、吴中，“督工”蔡信以及瓦工杨青、木工蒯祥、石工陆祥、油漆彩绘王顺、胡良等，另外，明末清初有“董匠作”梁九，清代有“董匠作”的“样式雷”家族。建造紫禁城的能工巧匠许多来自江南，例如：不少木工来自号称“中国木雕之乡”的浙江东阳；许多漆工来自云南，时有“滇工布满内府”之说。还有人根据成化年间《明宫城图》上有一红袍官员形象下注“工部侍郎蒯祥”字样而认为蒯祥（民间称其“蒯鲁班”）是紫禁城的设计者。

建筑原材料来自全国各地，有四川、贵州、湖南、江西的名贵木材，山东临清的澄浆砖，山东鲁山的红涂料，苏州的金砖、金箔，北京的琉璃瓦、黑瓦，京郊房山的汉白玉，天津蓟州的五彩虎皮石，河北曲阳的花岗岩，河北宣化的包金土等。明代初建时，宫殿梁柱多用四川的金丝楠木，清代康熙年间重建部分宫殿时，因战乱后的四川路险人稀，采运艰难，遂奉旨改用东北的松木。

紫禁城所用的城墙砖又名“澄浆砖”，主要由山东临清烧制，每块长 48 厘米、

南三所城墙

宽24厘米、厚12厘米、重24千克，呈青灰色。据说建造紫禁城一共用了几千万块砖，为烧制这些“钦工物料”，当时临清“劫灰砺尽林泉空，官窑万垛青烟袅”。

重要宫殿内的铺地金砖产自苏州等地，是明清两朝皇家御用的砖中极品，有三种规格，均为正方形，其中最大的每块边长77厘米、厚13厘米、重108千克，每块砖均有边款载明烧制年代、物料规格、砖窑厂名、烧造者、督造者。据记载，金砖系用太湖淤泥为原料，历经选土、练泥、澄浆、制坯、阴干等工序后，入窑以不同的柴草反复烧制130天，再经过铲面、过肋等加工程序，共26道工序，且每道工序又细分若干步骤，如选土分为捶、晒、舂、磨，澄浆分为淘、晾、揉、踏，共需费时两年方能制成，其间一环不慎即可能报废，往往“十不得二”。一说因其质地细密坚致、敲之声音悦耳如金声玉振而得名，一说因制作工艺复杂、每块造价昂贵如等量金银而得名，一说由“京砖”谐音而来。铺墁时三人一组，经样趟、揭趟、上缝等程序，一天只能铺墁五块。铺成后泼墨、钻生、烫蜡，再用软布反复揉擦至光亮如镜。

有时工程难度之大超出一般想象，保和殿北面的御道石“云龙阶石”产自今北京房山石窝村，重达200多吨，用常规方式无法运输，而是先修路填坑，沿途每隔一里路打一口水井，然后在严冬季节汲井水泼路成冰，再以旱船运载大石，船下垫滚木，由2万民夫加1000匹骡马在路两旁拉拽，每天仅能行进5里路，共耗费了11万两白银才将其运到京城。

可在历史的日晷上，仿佛一昼夜之间，平地崛起了一片嵯峨宫殿，恰似天造地化，又如鬼斧神工。城内占地面积72.5万平方米，其中建筑面积15.5万平方米，星罗棋布着90余组建筑群落，包括现存的约980座单体建筑、8707间房屋。

中国古代宫殿建筑的基本构架是抬梁、立柱加斗拱，建筑面积单位是“间”，四根立柱围成的方形空间称为一间，间距5—10米不等。建筑四壁多以砖木为墙，坡形屋顶以斗、拱、昂、枋构成复杂的联结和装饰结构，具有东方建筑特有的

云龙阶石

斗拱

精巧和美感。

一座座单体建筑按主次正偏构成院落，一片片院落鳞次栉比排列组合为宫城。紫禁城内，高墙围合，流水串绕，绿荫点缀。自有一条条路、一道道门、一座座桥，把全城联系、贯通。

路，有大有小，有曲有直，其中最重要的是皇帝专用的御路，它穿门跨桥，“周道如砥，其直如矢”，位于平分东西、横贯南北的皇宫中轴线上，这条中轴线与北京城的中轴线重合，成为明清帝国的版图基线，康熙时期测量全国地图即以此线为零度经线，至今这条线仍是北京城的重要坐标线。

门，有午门这样的城堡门，有太和门这样的殿宇门，有皇极门这样的牌坊门，有乾清门这样的八字照壁门，有乾隆花园瓶门这样的肖形门，还有无数影壁门、各式垂花门。

紫禁城内现存古桥 10 余处，多为汉白玉构造，有的跨河，有的临池，犹如玉龙卧波。礼制场所的桥，行道往往不止一条，例如太和门前是五道桥，武英殿前是三道桥，其中间一道皆为皇帝专用的御道。

除了明河，紫禁城内还有纵横交错的暗沟，构成总长 1.1 万米的地下排水系统，利用城内北高南低的特点，将水由东西向支渠汇入南北向干渠，再排入内金水河中。这些明沟暗沟，设计科学，几百年来，无论雨量多大，紫禁城内从无积水之弊。

至今北京仍保留着一些与肇建紫禁城有关的地名：皇木场（广渠门外）、大

太和门前金水河

木仓（今西单北大木仓胡同）、台基厂（今崇文门内）、琉璃厂（今和平门外）、草厂（今宣武门外草厂胡同）、大石作（今景山公园西大石作胡同）、油漆作（今平安大街油漆作胡同）、方砖厂（今方砖厂胡同）、窑厂（今窑台）等。

紫禁城的营建，堪称举全国之人力物力、汇天下之能工巧匠，使其成为中央集权和国家统一的重要象征。同时它还是中华几千年宫殿建筑发展的结晶，承载着丰富的中华传统文化信息，反映了我国的儒家礼制、哲学思想和美学观念，代表了中国古代官式建筑技术和建筑艺术的最高水平。

紫禁城及其周边的皇家坛庙苑囿，不仅是中国历史上，也是当今世界上规模最大、保存最完整的古代皇宫建筑群。其中，最核心的紫禁城及护城河雄踞中央且自成一体，是中国历史上形制最完备、结构最精致的皇宫。

由于明代以推翻异族统治、光复华夏文化自居，因此十分强调拨乱反正、恢复传统礼制。明清北京城的布局反映了《周礼·考工记》所载儒家关于都城的规划理想："匠人营国，方九里，旁三门，国中九经九纬，经涂九轨。"即方形都城每边长九里，每边城墙开三道门，城中大街九纵九横，其中南北向的纵街可容九辆车并行；而位于城市中心的紫禁城，格局也基本符合《周礼·考工记》

所载“左祖右社，面朝后市，市朝一夫”，即宫城左边为供奉祖先的太庙，右边为祭祀社稷的社稷坛，宫城前部为临朝理政的宫殿，宫城之后为商贾辐辏的集市。由于从夏朝开始皇帝均面南背北、向明而治，因此在方位上以南为前、北为后、东为左、西为右。

“左祖”“右社”“面朝”至今尚存，唯独“后市”已无踪迹。史载汉灵帝“作列肆于后宫，使诸采女贩卖，更相盗窃争斗。帝著商贾服，饮宴为乐”。在明代，每月逢初四、十四、二十四这三天，是皇宫例行清理并往外运送垃圾破烂的日子，太监、工匠、杂役们往往从中挑选并互换物品，逐渐在神武门外御马监至西海子一带，形成定期的贸易集市，谓之内市。后来“奇珍异宝进入尚方者咸于内市萃之”，如永乐年间的剔红漆器、宣德年间的铜炉、景泰年间的珐琅器、成化年间的斗彩瓷器甚至新式兵器等，无不汇集于此。清代初年，内市改设于北海团城一带。

《周礼》《诗经》等先秦典籍中对周代宫城布局有“五门”“三朝”的记述：即由外到内有“皋门”（“王之廓门曰皋门”“皋，告也”）、“库门”（“兵库在焉”）、“雉门”（“为中门”）、“应门”（“王之正门曰应门”“发政以应物”）、“路门”（“路寝在焉”），以紫禁城视之，大致对应今天安门（皇城正门，用于颁布诏书）、端门（用于存放祭祀、出巡器物）、午门（皇宫正门，又名五凤楼）、太和门（大朝门）、乾清门（内廷正门）；朝堂亦分为“外朝”“治朝”“燕朝”（后二者又称内朝：“内朝之在路门内者”），以紫禁城观之，大致对应今午门之内（常朝御门听政场所）、今太和门之内（朝会大典场所）、今乾清门之内（家国一体场所）。

紫禁城与中国历代皇宫建筑一脉相承，是我国封建社会皇宫建筑、皇权思想、皇朝礼制发展到巅峰时代的杰作，它大到形制、布局，小到材料、色彩，无不积淀着厚重的历史智慧，堪称中国传统文化尤其是皇宫文化的集大成者。

紫禁城的中轴线，象征大地的子午线。前三殿、后三宫等主体建筑由南往

紫禁城内廷

北分布在中轴线上，两侧建筑通过对称和互补来达到整体布局的平衡。宫殿建筑中的中轴线最早见于三国时的曹魏邺城。紫禁城中轴线北端的万岁山之名最早见于北宋皇宫（即艮岳）。

紫禁城前半部为外朝（或称前朝），后半部为内廷（或称后宫、后寝），这种家、国合二为一，同时又一分为二的宫殿格局，符合后来儒家标榜的“格物、致知、

故宫鸟瞰图

诚意、正心、修身、齐家、治国、平天下”思想。而它所遵循的“面朝后市”“左祖右社”规制，迄今发现的最早实例见于商代早期都城遗址。

紫禁城内 90 余组宫殿的正殿一律坐北朝南，符合文献记载从夏代开始的帝王面南背北、向明而治的传统。从现代地理学来看，北京地势西北高，东南低。我国季风气候特征显著，冬天有来自西伯利亚的寒风侵袭，夏天有来自太平洋的海风吹拂。建筑坐北朝南有利于冬天避寒，夏天纳凉。宫内建筑还根据实际情况，改变了宋代《营造法式》出檐深远的规制，使正殿在夏至前后能以屋檐遮阴，而在冬至前后又能纳阳光入室，起到冬暖夏凉的效果。

紫禁城的重要宫殿均建于三台之上，更显得崇高巍峨。三台制度可能源于

太和殿三台

上古文献中的昆仑山："昆仑之山三级：下曰樊桐，一名板桐；二曰玄圃，一名阆风；上曰层城，一名天庭，是为太帝之居。"春秋战国时期诸侯国的宫殿已普遍采用三台制度，"高台榭，美宫室"。

紫禁城建筑最高等级的重檐庑殿顶，源自《周礼·考工记》所载商、周王宫的"四阿重屋"。宫殿使用琉璃瓦则最早见于北魏平城。

紫禁城午门"左右连阙"的"凹"字形平面结构，最早见于隋代皇宫正门广阳门（即唐代太极宫承天门）。午门名称也系沿用古名，如唐代白居易有"待漏午门外，候对三殿里"的诗句。

日精门斗匾

《日下旧闻考》卷九："从来立国者，必首隆庙社之规，崇建阙廷之制，所以象辰极、抚寰区。"《明太宗实录》："初，营建北京，凡庙社、郊祀、坛场、宫殿、门阙，规制悉如南京，而高敞壮丽过之。"其中宫殿的格局借鉴了明中都凤阳和京师南京的宫殿布局并有所改进，明初紫禁城的主

吉云楼外景

翠云馆斗匾

要宫殿、朝门名称完全照搬南京大内旧名。

由于紫禁城象征天上宫阙（“象辰极”），因此其殿阁楼台至今仍保留了不少与天有关的名称，如：吉云楼、慧曜楼、翠云馆、佛日楼、天一门、景阳宫、景阳门、玄穹宝殿、玄穹门、膺天庆、庆云斋、德阳门、旭辉亭、景曜门、月华门、日精门、阳曜门、祥旭门、南天门。

紫禁城象征紫微垣，端门本是紫微垣前、左右执法之间的天门名称。中和殿原名华盖殿、中极殿，华盖、中极均为紫微垣的星名。汉白玉三台象征白云缭绕的天界。“帝王阙内置金水河，表天河银汉之义也，自周有之”。金水河曲水蜿蜒如游龙象征天汉银河，每逢大典在太和殿外两侧铜龟、铜鹤中燃松香、沉香、松柏枝等，袅袅的香烟象征仙界雾霭。

九重门象征九重天。古人认为，天有九重，天帝居住在最高一重，因此天子居住的宫殿也常被比作九重天，韩愈有“一封朝奏九重天，夕贬潮阳路八千”的诗句。从老百姓居住的北京外城的永定门到紫禁城内皇帝治国理家的奉天门（今太和门），由南到北共有九座门：永定门城楼及瓮城、正阳门城楼及箭楼、大明门、承天门、端门、午门、奉天门，即取“九天阊阖开宫殿”之意，象征皇帝居住在九重天之上。或者说从满族官员聚居的内城到皇帝的正寝宫殿乾清宫，一共有正阳门、大明门、承天门、端门、午门、奉天门、乾清门七道门，象征“紫微斗数”即北斗七星。

在中国传统哲学中，以阴阳、四象、五行、八卦、十天干、十二地支构成了解释万事万物的体系。

阴阳，作为“天地之道也，万物之纲纪也”，在紫禁城的建筑布局中有突出反映。

紫禁城的外朝和内廷两部分的形状暗合阴阳之势：外朝整体呈凸形，三大殿居中向北突出；而内廷整体呈倒凹形，西翼的慈宁宫花园和东翼的南三所向南伸展。

外朝宫殿建筑普遍比较高大，布局疏朗，有阳刚之气；内廷宫殿大多相对狭小，密集紧凑，有阴柔之风。外朝的宫殿、台基、踏跺甚至坎墙基本采用阳数（奇数），内廷的宫殿、踏跺、坎墙多用阴数（偶数）。

外朝为阳，内廷为阴。太和殿为阳中之阳，保和殿为阳中之阴，乾清宫为阴中之阳，坤宁宫为阴中之阴。

紫禁城殿阁楼台至今仍保留了不少与阴阳有关的名称，如:景阳宫、景阳门、承乾宫、承乾门、德阳门、乾清宫、乾清门、坤宁宫、坤宁门。

明代修建紫禁城时，用挖紫禁城护城河的土，堆筑在元代重要宫殿延春阁的废墟上，“为大内之镇山”，以“压胜前朝”，命名为万岁山，即紫禁城北面的景山。民间还传说山石之下储藏有石炭，以备孤城受困时之需，故又称其为煤山。又引水入宫，在南面建内外两道金水河，并在宫城东西两侧分别构筑流水、长道，从而形成负阴抱阳、依山面水、四象（青龙、白虎、朱雀、玄武）俱全的格局，为了使宫城面对水流并符合巽向水口的原则，似乎将本应位于东面、代表青龙的流水改置于宫城西面了。

午门斗匾

南门午门又称五凤楼以喻朱雀；北门神武门原名玄武门，清康熙时避帝名讳才改名。

五行学说认为，世间万物都是由木、火、土、金、水这五种基本元素构成的。五行之间相生相克：木生火，火生土，土生金，金生水，水生木；金克木，木克土，土克水，水克火，火克金。与五行相对应，又有五方（东、南、中、西、北）、五季（春、夏、长夏、秋、冬）、五色（青、赤、黄、白、黑）、五音（角、徵、宫、商、羽）、五味（酸、苦、甘、辛、咸）、五脏（肝、心、脾、肺、肾）、五志（怒、喜、思、忧、恐）、五气（风、暑、湿、燥、寒）、五生化（生、长、化、收、藏）、五天干（甲乙、丙丁、戊己、庚辛、壬癸）、五正之官（宗伯、司马、司徒、司寇、司空）等，构成一个解释世界的哲学体系。

作为中天紫微垣在人间的反映，紫禁城应是大地之中，属“土”，土色黄，所以宫殿屋顶普遍用黄色琉璃瓦。五行相生关系中是“火生土”，火色赤，因此宫殿墙壁普遍用红色。五行相克关系中是“木克土”，木色青，因此紫禁城中轴线上的宫殿很少用绿色，中轴线两旁也很少种树。但北方为水，水生木，所以在紫禁城北部有御花园。

紫禁城中央的三大殿所在的三台，平面形状略似“土”字形，正合“中央戊己土”之象。

明代太子读书的地方设在紫禁城东方的文华殿，并用绿色琉璃瓦顶，以符合五行中“木”的方位为东、生化过程为生、色彩为青的属性。嘉靖时成为皇

文渊阁外景

帝举行春秋经筵场所，便改绿色琉璃瓦为黄色琉璃瓦。

传说伏羲受龟背、蛛网启发而创制八卦，又说周文王被商纣王囚居羑里时演易，后人将八卦与五行、四方等相配，并以爻辞释象：

熙和门西侧金水河

乾、坎、艮、震、巽、离、坤、兑八卦，分别代表西北、北、东北、东、东南、南、西南、西八方，指代天、水、山、雷、风、火、地、泽八种物象。

金水河由北向南再自西向东穿流紫禁城，“来自乾方，出自巽方”。北方从水，西方从金，金又生水，故名金水河，午门内河正中的桥因名金水桥。

《易经·乾卦》：“九五，飞龙在天。”因此帝王又称“真龙天子”“九五之尊”。奉天殿（太和殿）、乾清宫、皇极殿等主要建筑均为面阔九间、进深五间的九五之制，而谨身殿（保和殿）、奉先殿、午门城楼则是面阔九间、进深不及五间。宫内一些院落、建筑台基的长宽之比也基本为9∶5。

紫禁城内廷宫殿、门阙的命名，继承元代传统，“取诸乾坤二卦之辞”，如：乾清宫、坤宁宫。“乾清、坤宁法象天地为紫微正中”，乾清宫东南有日精门，西南有月华门，日精、月华二门象征日月，东西六宫象征十二辰，或说乾东五所与乾西五所象征十天干，东六宫和西六宫象征十二地支。清代康熙皇帝曾多

午门门洞

次在乾清宫、弘德殿亲自给内臣讲授《易经》。

然而紫禁城最根本的特点，是皇权至上、等级森严。

高墙重围、长河萦绕、覆压连绵、巍峨雄壮的紫禁城建筑群，正是我国秦汉以来宫殿建筑“非壮丽无以重威”思想的生动体现。东北、西北、东南、西南“四维”角楼虎视八方，午门、东华门、西华门、神武门“四正”城门睥睨天下，中轴线上的太和殿、中和殿、保和殿、乾清宫、交泰殿、坤宁宫、钦安殿，以及两侧的文华殿、武英殿、奉先殿、皇极殿、慈宁宫、寿康宫都雄踞在高台之上，高台面积共约 8 万平方米，前三殿与后三宫更是高矗于三层九级高台之上，这些共同构筑起一个以皇帝为中心的超凡脱尘的人间天宫。

紫禁城的正门午门有明三暗二共五个门洞，中间正门是皇帝专用，此外仅皇后大婚时可由此入宫、殿试一甲三名（状元、榜眼、探花）在唱名发榜之后可由此出宫。常朝时，只开东、西偏门供文武百官、宗室王公进出。大朝时，

彩画小样

加开东、西掖门，供品级较低的文武官员分别进出。内务府官员、侍卫、太监、工匠、杂役只能分别从东华门、西华门或神武门出入。

此外，在建筑的钩心斗角、雕梁画栋之间也同样体现出严格的等级制度。

我国古代最高等级的建筑除了面阔九间、进深五间之外，还以重檐庑殿顶为重要标志。紫禁城内只有太和殿、乾清宫、坤宁宫、皇极殿、奉先殿及午门、神武门、东华门、西华门是这种形制。等而下之的有重檐歇山顶，再其次是单檐庑殿顶、单檐歇山顶、单檐悬山顶、单檐硬山顶等。

具有联结和装饰作用的斗拱同样是等级标志。斗是上大下小的方形承托构件，拱是两端翘起略似弓形的悬挑构件。一般来说，建筑等级越高，使用斗拱数目越多。太和殿华美繁复的斗拱结构正是其至高无上地位的象征之一，而且紫禁城内只有太和殿和奉先殿使用最高等级的鎏金斗拱。

建筑的油饰彩画也具有标志等级的功用。彩画一般绘于顶棚、梁架、立柱等建筑木构的表层地仗之上，不同题材代表着不同等级。紫禁城内现有各种彩画的建筑面积为 139 194 平方米，约占紫禁城建筑总面积的 89%。《明史 · 周忱传》载 ：“三殿重建，诏征牛胶万斤，为彩绘用。”另《邹缉传》载 ：“前岁买办颜料，本非土产，动科千百。民相率敛钞，购之他所。大青一斤，价至万六千贯，及进纳又多留难，往复展转，当须二万贯钞，而不足供一柱之用。”

作为“真龙天子”的起居之地，龙的形象必不可少。“坐龙”（正面龙）见于太和殿等举行大典的宫殿，“升降龙”（双龙）用于养心殿、养性殿等日常理政的宫殿。

宫殿室内木构顶棚上常按宫殿等级绘制龙、凤、百花等不同的天花图案，以青、绿色为主，常常沥粉贴金。高等级的宫殿还在天花中间作藻井，其中太

彩画小样

彩画小样

和殿藻井的金漆蟠龙吊珠藻井最为华丽。

建筑檐下横梁是彩画集中之地，种类大致分为：和玺彩画（即合细彩画）、旋子彩画、苏式彩画。前两种均由中间的枋心和两侧的藻头、箍头组成。和玺彩画用于最高级的宫殿，在藻头及枋心之间绘有两条曲折的括线，根据枋心绘制的图案分为龙和玺、龙凤和玺、凤和玺、龙草和玺四等，在青绿色为主的底色上，大量沥粉贴金。旋子彩画用于次要的宫殿，在藻头上绘有旋花，可细分为九等。苏式彩画多用于花园中的亭台楼阁上，题材广泛，包括山水、人物、花鸟和吉祥图案，并无明显的等级差别。

紫禁城太和、中和、保和三大殿和皇极殿在清代中期以前均为龙和玺彩画，因沥粉贴金，又称金龙和玺彩画。乾清宫、宁寿宫等皇帝寝宫为龙凤和玺彩画，皇后寝宫坤宁宫为凤和玺彩画，东西六宫部分正殿为龙凤和玺彩画，三大殿庭院两厢的体仁阁、弘义阁及四角的崇楼均为龙草和玺彩画。附属建筑多为旋子彩画或苏式彩画。神武门、东华门、西华门等城楼彩画中有的在枋心画一卷书，俗称“一统天下”。四个角楼的彩画为“龙井枋心”（又称龙锦方心）旋子彩画。

这种等级分明、功用有别的彩画布局后来在历次修缮“过色见新”中有所变动，例如民国初年袁世凯称帝时，将三大殿及周围楼阁、门庑的外檐彩画重绘，将体仁阁、弘义阁原来的龙草和玺彩画改为一字方心雅五墨彩画，将东南、西南崇楼的龙草和玺彩画改为夔龙花卉方心雅五墨彩画，将三大殿两侧的中左门、中右门、后左门、后右门原来的龙和玺彩画改为夔龙花卉方心雅五墨彩画，既杂乱无章，又粗制滥造；逊帝溥仪“暂居宫禁”时，也将后宫部分宫殿的龙凤和玺彩画升格为龙和玺彩画，并重绘了一些其他彩画，有的不伦不类，风格与原有彩画不协调。近年来，三大殿及其周围附属建筑的外檐彩画在修缮中逐步根据其内檐现存纹饰和工艺原状重绘，恢复了清代中期以前的彩画原貌。

重要宫殿建于汉白玉台上并围以栏杆，即所谓“雕栏玉砌”。紫禁城各种建筑的石质栏杆相加长约 5995 米。重要场所的石栏均雕龙、凤望柱头，次要场所的石栏多雕“二十四节气”（24 道阴刻弧线由柱底向上汇聚成火焰形）望柱头。

作为至高无上的天子居住的地方，紫禁城自然禁卫森严。

紫禁城拥有独立、完整、坚固、严密的防御体系。平面为规整的长方形，南北长 961 米，东西长 753 米，周长 3428 米。城外距墙 16 米处环以宽 52 米、深 6 米的护城河（俗称筒子河）。城四周各只有一条门道与城外交通。城墙高约 10 米，横剖面呈稳固的梯形，上宽 6.7 米，下宽 8.6 米。城墙建造十分坚固，护城根脚是用石灰与黄土按比例混合成的灰土砸实，其间用江米汁加石灰拌成“雪花浆”反复泼浇三次，以增强耐水性和坚固性。墙体采用“横七竖八”15 层砖质结构，中间为夯土，墙面磨砖对缝，堪称“固若金汤”。

紫禁城内也是重重高墙，总长达 4835 米的宫墙分为三部分，将中轴线的外朝内寝区、西部的慈宁宫区和东部的宁寿宫区分别包围，另有总长达 1 万米的院墙将不同区域分隔为自成一体的大小院落。

紫禁城内随时都有上千名卫兵值守。午门、神武门、东华门、西华门这四处更是设精兵配利械昼夜把守。护城河与城墙之间，明代有守卫值房“红铺”40 座，每晚有勋臣一员，在阙左门内值宿，每更官军提铜铃巡查；清代有“围房”（亦

太和殿三台石栏

称“连房”）732 间，不仅是守卫值房，而且也兼充仓储库房。

明代紫禁城外的皇城，是官署集中的区域，禁止百姓居住和进出，实际成为皇宫与内城之间的隔离带。非逢朝会或奉宣召，百官亦不得进入紫禁城，“奏事者至午门而止”。《大明律》规定：擅入皇城者，杖一百，充军边远。向宫城投石、射箭或持利刃入宫门者，处绞刑。

清代以后，开放皇城的东安门、西安门和地安门，从此“紫禁城以外，牵车列阓，集止齐民”。从雍正以后，紫禁城四门和阙左门、阙右门、端门、天安门、大清门乃至宫内各门均由相当于皇帝亲军的上三旗（正黄、镶黄、正白）护军营守卫，紫禁城周围则分别由下五旗（镶白、正红、镶红、正蓝、镶蓝）护军营守卫。所谓上三旗、下五旗，源于清初规定：正黄旗、镶黄旗、正白旗由皇帝亲任旗主，其余五旗由诸王任旗主。旗主对本旗旗民有生杀予夺之权，至雍正时才将各旗旗民统一归入六部管辖，大大削弱了诸王旗主的权势。

明代朝廷百官出入宫廷均佩牙牌，格式统一，以号区别：皇亲国戚为亲字号，公侯伯爵为勋字号，文臣为文字号，武将为武字号。其他出入宫廷的人员也佩牙牌，工匠为官字号，优伶为乐字号。只有内府官员的牙牌另作一种格式。夜间皇宫外围由巡查士兵沿着值守的红铺以接力方式传递铜铃，宫内则由官兵持编号的令牌巡夜。

清代门禁有门籍腰牌、合符验证、红杖挞伐、锁钥启闭、传筹巡逻等制度。门籍是将宫内所有差役的姓名、籍贯、年龄、相貌、工役登记造册，一式两份，分送内务府存档和各门值房备验。腰牌是内务府发给各类差役的出入凭证，牌为木质，上烙部院名目，并书写持有者的姓名、年龄、相貌特征等，三年一换。夜间出入宫门手续更为严格，必须合符验证，椭圆形的铜符由两半组成，分铸阴文和阳文“圣旨”二字，阴文半符由城门值房掌管，阳文半符由皇帝的亲信侍卫大臣保管，凡夜间出入宫门，须持阳文半符，且与阴文半符合验无误后再登记放行，并于次日奏报皇帝。

清代还在乾清宫、皇极殿等部分宫殿前设置报警装置“别拉”，遇警时，用特制吹筒向里吹气，能发出类似号角的声音。

虽然门禁森严，但明清两朝仍然屡屡发生闲杂人等因各种原因混入宫中甚至图谋不轨的案例。嘉庆十五年谕旨 :“禁城重地，咫尺辰垣，守卫不可不严，体制不可不肃;乃近来门禁废弛，各处直班官兵全不认真管辖，以致闲杂人等任意阑入，毫无稽考。”光绪年间慈禧太后也曾颁布懿旨 :“禁城重地，理宜严肃，官兵直班稽查，本有成法可循，乃日久废弛，甚至宵小潜迹，叠次偷窃，尚复成何事体?”于激烈言辞中透着无可奈何，从一个侧面反映出封建专制体制的没落。

由于紫禁城多为土木结构，殿阁巍峨毗连，又人多口杂，因此防范火灾成为紫禁城最重要的事务之一，宫殿各庭院均设铜铁大缸贮水防火，乾清宫、宁寿宫、慈宁宫等处还备有激桶。但在500年间，紫禁城仍然发生过50多起较大

乾隆花园遂初堂院内铜缸

明人《皇城宫殿衙署图》(局部)

的火灾，其中明代 40 余起，清代 10 余起，有的是雷电引致，有的是人为疏忽所致。

部分建筑曾屡毁屡建，以三大殿为例，奉天殿(取“奉天承运”之意)、华盖殿、谨身殿在明代永乐十八年(1420 年)建成，次年即遭火灾烧毁，正统六年(1441 年)重建成，嘉靖三十六年(1557 年)火神祝融再次光顾，“三殿两楼十五门俱灾”，嘉靖四十一年(1562 年)重建后改名皇极殿、中极殿和建极殿，万历二十五年(1597 年)三殿再次回禄临门，全部被烧毁，天启七年(1627 年)又一次完成重建。

明代末年李自成入主紫禁城，皇极殿毁损严重。清代顺治元年（1644 年）复建，次年改三殿名为太和殿、中和殿、保和殿，沿用至今。历次重建时，为防火需要加大宫廷间距，导致太和殿面积一再缩小，现存建筑面积比明代初建时的奉先殿小了近一半。

由于清初，“殿庙宫阙制度，皆丕振鸿谟，因胜国之旧，而斟酌损益之”，“九重殿阙，大内规模，皆仍胜朝之旧，惟因阅年既久，时加葺治而已”，因此部分建筑虽经明代正统、成化、嘉靖和清代康熙、乾隆、同治、光绪各朝多次重建，但只有明代嘉靖、清代乾隆两朝在紫禁城的布局上有一定改变，紫禁城总体上至今依然保持着明代初建时的主体格局，现有建筑中，保和殿、中和殿、钦安殿、南薰殿、东西六宫、午门、神武门、西华门、四隅角楼等，基本上仍是明代建筑。

比较重要的变动有：

明代嘉靖年间在后宫乾清宫、坤宁宫之间增建交泰殿，从此形成后三宫格局。又拆毁西边部分佛殿，改建慈宁宫，并兴修了部分道教殿宇。

清代雍正年间为了方便和安全，谕旨“祈祷深宫”，在紫禁城内增建斋宫、城隍庙等。

清代乾隆年间，紫禁城格局发生重大变动，或者说最终完成了紫禁城的建设，形成今日格局。先在内廷西边乾西五所改建重华宫，新建建福宫花园；后在东边改建宁寿宫，兴建宁寿宫花园；又修建雨花阁等佛堂，并在外朝增建文渊阁等。

清代同治、光绪年间，将东西六宫中的储秀宫、长春宫的宫门改建为体和殿、体元殿。西华门内的咸安宫在清末塌毁，1915 年在此建宝蕴楼。

1923 年，建福宫花园失火，延春阁、静怡轩、吉云楼、碧琳馆、敬胜斋等一大片亭台楼阁被夷为平地。起火原因一说是放映电影不慎失火，一说是因逊帝溥仪欲清查建福宫花园内自嘉庆以后一直封存的珍宝，监守自盗的太监们为逃避处罚而纵火灭迹。2005 年完成重建。

建福宫花园一隅

—— 第二章 ——

唯我独尊恃朝廷

［午门，卤簿，献俘，颁朔，廷杖；太和门广场，荒唐的武宗，太和门，明代御门听政，协和门，哭谏，熙和门；太和殿广场，三台，太和殿，登基大典；中和殿；保和殿，科举殿试；文华殿，经筵；武英殿，浴德堂，香妃传说；箭亭，赏朝马；上驷院，阿睦尔撒纳；内阁大堂，大学士辅政；逍遥城，南薰殿，咸安宫，东华门，西华门］

雄伟的宫殿、宽阔的广场，以三大殿为核心的外朝气势恢宏。这里的一言一行，无不牵动四面八方的神经；这里的一举一动，往往左右举国上下的心情。新君登基、科举殿试、朝会大典时，这里顶戴簇簇，旌旗森森，雅乐盈耳；昏君临朝、奸臣当道、国运衰弱时，这里万马齐喑，忠臣泣血，愁云压顶。

从功能来看，紫禁城分为外朝（前朝）、内廷（后寝）两大部分。南部以太和殿、中和殿、保和殿这三大殿为核心，是举行朝会大典的场所，三大殿东南有文楼（后名文昭阁、体仁阁）、西南有武楼（后名武成阁、弘义阁），东南稍远有文华殿，西南稍远有武英殿，恰似文、武百官分班侍立左右。北部以乾清宫、交泰殿、坤宁宫这后三宫为核心，是明清帝国第一家庭生活的区域，后三宫东西各有六座宫殿，为妃嫔居所，东六宫东面的宁寿宫区是太上皇归政晏居之地，西六宫西边的慈宁宫区为太后、太妃养老之地，东西六宫北面分布乾东五所和乾西五所，为皇子、公主居所。

故宫三大殿

午门西雁翅楼外立面

外朝气势恢宏、雄伟壮观，内廷繁密富丽、结构精巧。在“唯我独尊”的时代里，这里的喜怒哀乐，往往操纵着举国上下的心情，即使是御园里的谈笑也能左右国计民生；在乾纲独断的体制下，这里的举手投足，无不牵动着四面八方的神经，书房里的踱步转瞬可化作千里之外的雷霆。500 年间，丹陛上下政治斗争惊心动魄，红墙内外忠肝义胆荡气回肠。

紫禁城的主体建筑均坐北朝南，南方的午门是皇宫的正门，因正南方在 24 方位中属午位，故名。

午门自平地到脊吻高 37.95 米，是紫禁城最高的建筑。其平面呈凹形，在近 13 米高的城台上有一座正楼、四座方亭，以廊庑相连，高低错落，形似凤凰（或大雁）展翅，飘逸灵动。因在“五门三朝”中对应“雉门”，故根据五代后梁罗绍威建五凤楼（去地百丈，在天半空，五凤翘翼）和后唐张崇建五凤楼（凤集其上）

的传说，又称为五凤楼。正楼为四坡五脊的重檐庑殿顶，面阔九间，进深五间，前后出廊，建筑面积 1773.3 平方米。正楼两侧各有一座重檐四角攒尖的朵楼，分别为钟亭和鼓亭，每逢朝会大典时钟鼓齐鸣，皇帝祭坛庙出午门时鸣钟，祀太庙出午门时击鼓，故有“禁钟初定午门开”的宫词。两翼城台的南端各有一座重檐四角攒尖的阙楼。我国古代常在王宫等重要建筑门前筑两座高台，“盖为二台于门外，人君作楼观于上，上员下方，以其阙然为道谓之阙，以其上可远观谓之观，以其县法谓之象魏”。后世也以阙、阙下或天阙代称宫门。两座阙楼各有 13 间廊庑与北边的钟、鼓亭相连，俗称雁翅楼。

午门彩画底色用朱红，以应四神中“南方朱雀”及五行中“南方丙丁火”之象。城楼内檐彩画为宝珠吉祥草（又称“西番草三宝珠金琢墨彩画”），是清初受满、蒙文化和藏传佛教影响的见证，外檐彩画为龙草和玺，与周围其他建筑的彩画风格和谐，东西雁翅楼是金线大点金彩画。

午门三面环绕之中有约 9900 平方米的广场，明代早朝时文武百官在此列班，

午门广场鸟瞰图

因此在午门以南搭建有松叶棚为朝臣遮风蔽雨，清代在午门与南边的端门之间左右两侧建有东西两列朝房，是六部和科道官的值房。

因其位置重要，这里成为举行一些重要典礼的场所。

皇帝出巡时在午门外陈设仪仗（卤簿），“天子出，车驾次第，谓之卤簿”。清代皇帝的卤簿沿于明代而有所损益，按等级规格分为四种：郊祀祭天（祀圜丘、祈谷、常雩）用大驾卤簿，祭太庙、社稷、先农、地、日、月和朝会、献俘礼用法驾卤簿，巡幸皇城用銮驾卤簿，巡省、大阅用骑驾卤簿。其中大驾卤簿用象驾天青色玉辇，法驾卤簿用马驾黄色金辇，銮驾卤簿用十六抬绿色步舆，骑驾卤簿用十六抬金色轻便步舆。卤簿以辇或舆为界，前为导引，后为扈从，纛旗旌幡、鼓角板鞭、刀枪弓戟、伞盖扇幢、瓶炉椅几、侍卫随从，数量不一，从大驾卤簿、法驾卤簿、銮驾卤簿到骑驾卤簿依次递减，其中仅法驾卤簿就有560多件。一说大驾卤簿实为法驾卤簿、銮驾卤簿和骑驾卤簿之和。

从明代开始，午门成为举行献俘军礼之地。据《礼记·王制》记载，周代天子出征前要祭告天地祖神，凯旋后要到庙堂报捷献俘。唐宋两朝间或行之，明代洪武元年（1368年）杂采唐宋旧典制定了午门献俘礼仪，后来仅在明代万历年间神宗就曾四次亲御午门受献俘礼。清代献俘礼与明代大同小异，乾隆一朝号称有“十全武功”，即乾隆十四年（1749年）平大金川、乾隆二十年（1755年）平准部（达瓦齐）、乾隆二十二年（1757年）再平准部（阿睦尔撒纳）、乾隆二十四年（1759年）平回部（大小和卓）、乾隆三十四年（1769年）征缅甸、乾隆四十一年（1776年）再平大小金川、乾隆五十三年（1788年）平台湾（林爽文）、乾隆五十四年（1789年）征越南、乾隆五十六年（1791年）征廓尔喀（今尼泊尔）、乾隆五十七年（1792年）再征廓尔喀，因此“受俘军礼举重新”，乾隆皇帝亦先后四次亲御午门城楼受献俘礼。

清代每年在午门外举行颁朔礼。自古以来，观象授时、制历颁朔，是体现天子法象天地、统驭万民的重要象征，因此深受统治者的重视，《史记·五帝本纪》载黄帝“迎日推策”、颛顼“载时以象天”、尧“数法日月星辰，敬授民时”、舜“合时月正日”，《史记·殷本纪》载商汤代夏后“乃改正朔，易服色”，《周礼·春官》亦载周代有太史岁末代天子“颁告朔于邦国”之例。明清两朝颁朔之权被皇帝垄断，民间私造历书按律当斩，奉某“正朔”也成为效忠某朝的代称。明永乐时每年十一月初一（万历以后至清末改为十月初一）皇帝在奉天门接受钦天监进呈的次年历书并颁赐诸王大臣及各地督抚，清代改在午门外举行，届时设黄案、龙亭，“王公百官齐列午门前，鸿胪寺官赞引，宣制行礼，王公以下跪领如仪”。一说清代因避乾隆皇帝弘历名讳，改称颁历为颁朔。

午门外广场在明代还是罚跪之地，即所谓“待罪阙下”。明代永乐十九年（1421年），刚刚建成不到一年的奉天、华盖、谨身三大殿被雷火化为灰烬，部分大臣认为是上天示警，要求把都城迁回南京，与拥护迁都北京的大臣互相攻击。朱棣恼怒之下罚双方到午门外跪着辩论。

民间传说及戏剧唱本中常有“推出午门斩首”之语，但事实上午门外并非斩首刑场，明清两朝沿袭古代在集市中处极刑（即“弃市”）的传统，死刑刑场分别在今西四和菜市口一带。不过午门外广场御道东侧却是明代行廷杖之刑的场所，而且确有大臣在此被杖责致死。我国自古即有鞭扑杖笞之刑，唐代定为在朝堂杖责忤旨官员，故称“廷杖”，明代改到午门外施刑。成化以前，受廷杖者不脱衣服，还可以垫上毡帕，廷杖的作用主要是精神羞辱，其次才是肉体痛楚；从正德年间开始，廷杖成为可以致人死命的酷刑，受刑人必须裸露肌肤，捆着双手趴在一张布上，数十名锦衣卫校尉执棍环立，司礼太监宣帖发令后，一名校尉挥杖责打，周围众人齐声呼喝，每打五杖换一名校尉行刑。其中奥妙在于：发令者若说“着实打”，受刑者虽然皮开肉绽甚至伤筋断骨，但未必丧命，而发令者若说“用心打”，则受刑者绝无生还的可能。

正德十四年（1519 年），就在午门外发生了文武百官遭廷杖、10 余人因此毙命的事件。明武宗朱厚照少时“粹质比冰玉，神采焕发”，长大以后却耽于游戏娱乐、蹋球酗酒、窃玉偷香。他在佞臣江彬导引下，先后遍访宣府、大同、绥德、太原、南京、苏州、杭州、扬州，游山玩水，夺良宿娼，甚至连官宦乡绅的妻女也不放过。京剧《游龙戏凤》就是关于明武宗朱厚照与宣府民间女子李凤姐的传说。正德十四年，因百官联名上疏谏阻其南游猎艳，武宗恼羞成怒，竟下令将 146 位大臣白天罚跪午门、晚上锁链系狱，五天后又在午门外廷杖，当场打死 11 人。一时百官噤声，佞臣当道，国势日衰，“祖宗天下，至正德间，几倾覆矣”。

清代康熙七年（1668 年），为解决明末以来的中西历法之争，年仅 15 岁的康熙皇帝下令主张吸收西法的传教士南怀仁与反对变更传统历法的杨光先、吴明煊先后在午门外广场和观象台，当着王公大臣之面，各自计算、验证天象，结果“南怀仁逐款符合，吴明煊逐款皆错”，遂任命南怀仁为钦天监监副并采用其中西合璧的新历。

午门正面有三个门洞，两翼（两腋）还有两个掖门（又称阙门）。根据清代礼制，正中大门为御道，平时仅供皇帝一人出入，另外只有皇后大婚入宫时和殿试发榜日一甲三名出宫时才能特许由此门经过，导引或随从的执事人员不计。但事实上并不绝对，例如：每年十月初一颁朔仪式中，钦天监官员托举盛有《时宪书》的黄案由午门中门入宫敬奉；每年立春之日，大兴、宛平向皇帝、太后、皇后进奉春山（春座）亦由午门中门入宫。正门两边的偏门，常朝时文武百官从东门、宗室王公从西门进出。东西两侧的掖门平常不开，大朝时一二品官员从东偏门、宗室王公从西偏门、三品以下文官从东掖门、三品以下武官从西掖门进出。殿试时贡生按会试名次单数走东掖门、双数走西掖门。

明末李自成是从午门中门骑马进入紫禁城。

进入午门后，波光粼粼的内金水河由西往东蜿蜒横贯太和门前广场，河上

午门

五座金水桥依次排开，正中的一座桥长 23.5 米、宽 6 米，是紫禁城中最雄伟的一座，为皇帝专用的御路，桥上白石栏杆有云龙纹望柱。其余四座桥长度依次递减，为王公百官行走之路，栏杆望柱阴刻二十四节气弧线，柱头呈火炬形。

明代正德年间，武宗不理朝政，太监刘瑾专权，曾矫诏罚百官跪于内金水桥以北。《明史》评武宗："耽乐嬉游，暱近群小，至自署官号，冠履之分荡然矣。"他好大喜功，屡把国家朝政当儿戏，仿效汉灵帝自称"无上将军"、唐宣宗自称"乡贡进士李道龙"等，以"总督军务威武大将军总兵官朱寿"之名统兵出征，并自我加封镇国公、太师等封号。宁王朱宸濠起兵谋反，本已被佥都御史王守仁平定擒获，武宗接报仍亲率大军南下，并命士兵围成圈，将宁王释放在圈中，再亲自擂鼓命士兵重新将其擒拿。他常年出游，在宣府建镇国府，称为"家里"，而视皇宫为别馆，大臣凡称宣府为"口外"者均受惩处。又纵情声色，在紫禁城西北建豹房，广搜美女猛兽置于其内，日日驱虎斗豹，夜夜颠鸾倒凤。武宗还受晋武帝乘坐羊车随意临幸后宫的故事启发，每逢傍晚时分往往亲手放飞一只蝴蝶，看蝴蝶停留在哪位妃嫔头上，就让其侍寝，豹房佳丽们为此争相在头上簪花以图吸引蝴蝶驻足。武臣江彬、太监刘瑾等人因“日进鹰犬、歌舞、角抵之戏，导帝微行，帝大欢乐之”而深受宠信，江彬甚至将自己的妻子也献给了武宗。担任司礼太监的刘瑾则常在武宗踢球取乐时呈递大臣的奏章，武宗玩兴正浓，往往命其自行处置，刘瑾遂得以专权，大肆排斥异己，正德三年（1508 年）因早朝时在御道上发现指斥他的匿名书，遂矫诏罚 300 余名朝官在奉天门以南跪了一整天，当时正值盛夏，有两名大臣被当场晒死，十几人中暑晕倒，其余的被投入狱中。刘瑾还曾将反对他的数十名大臣列为“奸党”示众，时人称刘为“立地皇帝”。后来太监张永告发其“谋逆”，武宗将信将疑，亲率文武百官和锦衣卫查抄刘宅，起获衮袍金印、兵器盔甲等罪证和 1200 万两黄金、2.5 亿两白银等赃物，遂命廷臣会审。刘瑾在廷讯时还骄狂地质问：“满朝公卿尽出我门，哪个敢来审我？”众官面面相觑，独驸马都尉回答：“我乃皇亲国戚，未尝出入

太和门广场雪景

太和门

你门，我敢审你！”后将其在午门外廷杖40棍再押赴集市凌迟处死，时人争购其肉啖食。

与午门隔内金水河相望的是一座建在须弥座高台之上的殿宇式大门：太和门，这是紫禁城外朝的正门，明代永乐十八年（1420年）初建时称奉天门，次年三大殿失火烧毁，直到20年后才重新建成，因此明成祖朱棣遂在奉天门上朝，并成为定制，称常朝御门听政，故奉天门又称大朝门。明代洪武年间曾有一日早、午、晚三次临朝之规，早期几位皇帝也比较勤政，基本一日一朝，后来逐步演变为每月初五、十五、二十五早朝。明代中晚期早朝一度废弛，竟有20余年不上朝之例。奉天门于嘉靖三十六年（1557年）被焚毁，嘉靖四十一年（1562年）重建，改称皇极门。嘉靖以前，皇帝御门听政坐于檐下正中的罗汉床式御榻上，榻前设一博山式香炉，群臣侍立阶下分班奏对。民间传说，每次常朝时，御前侍卫都会在榻前案上放一柄名为“小神锋”的匕首，以备不测。嘉靖以后改御榻为金漆龙椅，并撑黄色伞盖帷幄，称为“金台”，两名内使左右侍立。但明世宗笃信道教，取法清静、无为，“大礼议”后即疏于朝政，尤其在“壬寅宫变”

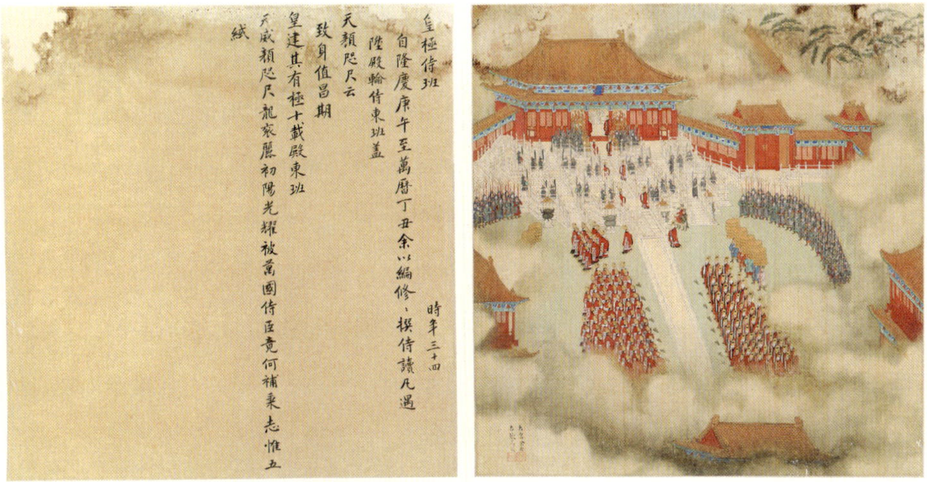

明　余士、吴钺《徐显卿宦迹图》册（选一）

后更是委政于严嵩，避居西内（今中南海），从此不朝。万历年间，张居正去世后，神宗宠爱郑贵妃，一年仅三朝，后期又效法其祖，崇信道教，总计在位 48 年中，竟有 24 年不曾上朝，国政几乎瘫痪。

明代每逢命将出征，还有在此御门饯行之例。

清代入关的第一个皇帝顺治在皇极门举行即位仪式，次年改名太和门，沿用至今。顺治、康熙两朝在此接受朝贺、颁诏大赦、封赐诸王，但清代的御门听政改到内廷正门乾清门进行。咸丰之后，因均为幼主继位，乾清门皇帝御门听政遂为养心殿太后垂帘听政所取代。光绪十四年（1888 年）皇帝大婚前 40 天太和门失火烧毁，由于此门为皇后凤舆入宫必经之地，因此内务府只好请扎彩工匠临时用木材、布料照原样扎成一座门，形制、纹饰居然足以乱真。大婚后数年重建太和门，重檐歇山顶，面阔九间，进深四间。太和门彩画在清代晚期是龙草和玺彩画，民国初年重绘时纹饰简化、工艺潦草。1960 年修缮时恢复成清中期以前龙和玺彩画的原貌。太和门丹陛上有块条石因含有石英成分，在阳光照射下，似有粼粼波光，被视为吉兆，称“旱地流水”。

太和门左右各有一门，东为昭德门（明代称弘政门），大朝时文官由此进出，西为贞度门（明代称宣治门），大朝时武官和外国使臣由此进出。

午门与太和门之间的广场，其东庑和西庑各有一座门，起着沟通中路与两翼、使紫禁城外朝连为一体的重要作用，东名协和门，西名熙和门。

协和门在明代嘉靖四十一年（1562年）前称左顺门，是明代“大礼议”时百官伏阙哭谏之地。明武宗朱厚照一生寻花问柳，滥情纵欲却无子嗣，去世后由堂弟兴王朱厚熜入继大统，为明世宗。这个年轻的皇帝在以什么身份入宫（太子还是嗣君）、用什么年号（绍治还是嘉靖）、继统还是继嗣（称孝宗为皇叔父还是皇父）、尊封生身父母（由兴献王、妃晋为兴献帝、后）等问题上，在少数官员的迎合下，挑战传统宗法礼制，与朝廷众臣展开长达数年的“大礼议”之争。在嘉靖三年（1524年）世宗执意尊封生母为太后时，曾有约230名朝官、学士

贞度门

昭德门

协和门

熙和门

为维护宗法礼制，齐集左顺门，向居住在文华殿的世宗跪谏，有的大臣情急之下“撼门大哭，声震阙廷”。世宗恼羞成怒，下旨严惩：首辅杨廷和等 8 人被追夺职爵，杨慎等 8 人遭刑讯后充军戍边，其余四品以上官员全部夺俸，五品以下官员 180 余人被处以廷杖，其中王相等 16 人被重杖打死。从此朝政败坏，元气大伤，万马齐喑，奸佞专权，后来户部主事海瑞上《治安疏》竟预先备好棺材以示必死。这一事件也成为明代由中兴转入衰败的重要标志。

协和门南庑房为明代内阁公署，似即文献中常见的“东阁”，阁前为殿试之后二甲、三甲进士考选翰林院庶吉士（进士朝考）之地。

明代宣德年间，皇帝常亲临内阁，因此内阁专门设有一张御座。

明代正德年间，武宗曾命内阁起草诏书：令总督军务威武大将军总兵官朱寿（即武宗授给自己的名号）统兵西征。内阁认为不合礼制，表示不敢以臣令君。武宗亲临左顺门召见阁臣，甚至拔剑逼他们起草诏令，阁臣有的称病推辞、有的免冠涕泣，武宗无奈之下悻悻地说：“你们不肯草诏，朕何妨自称！”

清代嘉庆十五年（1810 年），门禁松弛，一位名叫蒋廷柱的低级官吏从午门混入宫中，竟跑到协和门燃放鞭炮。

与协和门东西相对的熙和门在明代嘉靖四十一年（1562 年）前称右顺门。

清初在熙和门北庑房设翻书房，从八旗中挑选兼通满、汉语言的人担任翻译，将《资治通鉴》《古文渊鉴》等大批汉语典籍翻译成满语，其中达海翻译的《四书》《三国志》与和素翻译的《西厢记》《金瓶梅》都成为一时传诵的佳作。但有时也会闹笑话，传说有一次，清初某位皇帝阅读用满文翻译的苏轼《后赤壁赋》，内有“黑狗”一词，皇帝暗自思忖：自小熟读的汉文《后赤壁赋》中并无“黑狗”啊。一查汉语原文是“壬戌”二字，原来因满文中无与之对应的纪年词，翻译根据壬代表北方、主水、水色黑，而戌在地支中与十二生肖中的狗对应，故将汉文的“壬戌”译为满文的“黑狗”。为促进不同文化之间的交流，康熙皇帝十分重视翻译工作，亲自督促，康熙四十五年（1706 年）谕大学士马齐等：“翻译之事，大有关系。向年纂修实录，校对朝鲜表文，满汉文意总不相符……朕

太和门前铜狮踩球

两年苦心寻绎，始得将文义完美。”

熙和门南庑房为起居注馆，明清两朝都设记注官随侍皇帝左右，记录每日起居言行，号称“一言一动无虚美，特许词臣手自缄”，据说连皇帝本人都不能随意调阅和删改记录内容，但事实上在封建专制体制下仍难免以皇帝的意志为转移。

太和门前丹陛下有一对青铜狮、四尊鼎式铜香炉、一座石匮、一座石亭，均为明代遗物。东雄西雌这两只青铜狮是我国现存最大的古代铜狮。按照礼制，封建社会七品以上官员的府衙前才准许陈设石狮，一般雌雄成对，雄狮右前爪踏着一个绣球，俗称“狮子滚绣球”，象征掌握寰宇，雌狮左前爪踏着一只小狮子，俗称“太狮少保”，象征子嗣繁衍；石狮头部装饰的璎珞数量代表官员的品级高低，一品官员府衙前的石狮头上有 13 个璎珞，俗称“十三太保”，以下递减至五品和六品均为 9 个璎珞。铜炉用于常朝时燃放松枝香草，而石匮和石亭的具体功用早在清代中期就已不为人知了。

进入太和门，对面遥遥相对的就是高踞于三台之上的“金銮宝殿”太和殿。太和门与太和殿之间是一个面积 26 000 多平方米的广场，这是紫禁城内面积最大、地位最重要的广场。

每逢朝会大典，广场御道两旁设铜铸品级山共 4 列 18 行，从正一品到从九品，百官文东武西依次排班站位，外国使臣列于西班末位。两侧海墁砖地上还有两列以白色方石嵌地的仪仗墩，北窄南宽略呈“八”字形，伞、扇、旌、旗、钺、瓜等各种仪仗依次排列，仪仗外侧为百官立位，东西向，仪仗内侧为百官拜位，北向。届时百官均盛装朝服，根据赞礼官口令进退跪起，行礼如仪。丹陛上下，顶戴簇簇，旌旗森森，香烟缭绕，雅乐盈耳，尽显天朝大国的威仪。

清代宫廷典制音乐包括祭祀乐、朝会乐、宴飨乐、行幸乐五种。祭祀乐包括中和韶乐、庆神欢乐，朝会乐包括中和韶乐、丹陛大乐，宴飨乐包括中和韶乐、丹陛大乐、中和清乐、丹陛清乐、庆隆舞乐等，行幸乐（卤簿乐）包括前部大乐、

太和殿前铜龟

太和殿前香炉

太和殿前日晷

太和殿前嘉量

铙歌大乐、铙歌清乐等。这些名称既代表音乐种类，也体现了乐队的不同构成。

广场以北，太和殿、中和殿、保和殿屹立在三重九级汉白玉须弥座（通称“三台”）之上，在蓝天映衬之下，远远望去，仿佛是矗立在层层翻滚的白云之中，颇有“仙界”“天宫”的意境。

三台高 8.13 米，是紫禁城内最高人的台座，其上共雕有 1142 个螭首，螭为无角小龙,系传说中“龙生九子”之一（一说“龙生九子”为胡琴头上的囚牛、金刀柄上的睚眦、宫殿檐角的嘲风、钟钮上的蒲牢、佛的坐骑狻猊、驮负石碑的霸下、牢狱门上的狴犴、石碑两侧的负屃、殿脊两端的鸱吻，无螭）。这些螭首既是装饰，也是大殿和丹陛的主要排水口，每逢大雨，千龙吐水，极为壮观，为紫禁城一景。

三台上陈列着 18 尊鼎式香炉、一座日晷、一座嘉量、一对铜龟、一对铜鹤。鼎是国家政权的象征，自古有禹作九鼎以象九州，夏、商、周三代相传，春秋以后礼崩乐坏，先后有秦王索鼎、楚王问鼎、鼎没泗水等传说。大典时鼎内燃檀香料、松柏枝等，青烟缭绕，更添神秘庄严的气氛。日晷为计时器，代表观象授时，嘉量为量器，代表度量衡标准，都是皇权的标志。龟鹤为长寿动物，象征皇帝万寿无疆和国祚绵延久远。

三台前部正中，就是雄伟壮观的太和殿，殿名取《易经·乾卦》彖辞“保合大和乃利贞”之意。这里是紫禁城的心脏，72 根巨大的立柱衬托出大殿的空旷肃穆，也更烘托出中间御座的雄伟庄严。殿内中间略靠后部有金漆木质台座，台座三面有阶陛，百官朝见皇帝时只能平视此阶，故又称皇帝为“陛下”。台座之上就是代表至高无上皇权的金漆蟠龙宝座。这张紫禁城内最高贵华美的宝座，上部为圈椅式靠背扶手，椅背透雕 6 条蟠龙，蜿蜒凌空，下部为须弥座式椅座，庄严稳重，正好位于紫禁城的中轴线上，宝座的褥垫冬春用黑貂，夏秋用黄龙绮。宝座后立金漆屏风，浮雕各式金龙，宝座两侧各设象征太平盛世的宝象、甪端、仙鹤和香亭。台座下有四只鼎式香炉，朝会时燃放香料，增添神秘肃穆的气氛。太和殿门窗上有许多金光闪闪的装饰，称为“金扉金锁窗”。窗牖用朝鲜贡纸糊饰，门窗缝隙用黄绫遮挡，四壁悬挂名为“黄幄”的壁毡，三年一换。

宝座上方悬“建极绥猷”匾，取自《尚书·洪范》“皇建其有极”和《尚书·汤诰》

太和殿宝座

建极绥猷

“克绥厥猷惟后”，意为皇权至高无上，治民顺乎天道。宝座周围是 6 根蟠龙金柱，即在柱表沥粉贴金，雕绘升龙、云朵、海水江崖，其余楹柱皆朱漆。宝座后面两侧的蟠龙金柱上挂“帝命式于九围兹惟艰哉奈何弗敬，天心佑夫一德永言保之遹求厥宁”联。“帝命式于九围”语出《诗经 · 商颂 · 长发》，“兹惟艰哉”源自《尚书 · 伊训》，“奈何弗敬”取自《礼记 · 哀公问》，意即奉天承命，垂范九州，为政不易，自当恭敬；“天心佑夫一德”源自《尚书·咸有一德》，“永言保之”语出《诗经 · 周颂 · 载见》，“遹求厥宁”见于《诗经 · 大雅 · 文王有声》，意即天地眷佑，君臣同心，永葆社稷，长享太平。

宝座上方天花彩绘金龙戏珠，正中是宽达 6 米、深近 2 米的三层藻井，上层圆形，中层八角形，下层方形，藻井中央立雕蟠龙，龙首下探，龙口衔一颗称为“轩辕镜”的巨大宝珠，传说能保佑万世一系的真命天子，揭露和惩治篡逆者，分辨朝臣百官的忠奸。明代在殿内东西两壁排列八口雕龙大橱，传说橱内陈放三代鼎彝等青铜礼器，大概是取“九鼎相传”的遗意，橱上还有大理石屏，清代改为四口紫檀龙柜。殿东西有夹室。皇帝是“真龙天子”，皇帝的后代是“龙子龙孙”，皇族均为“龙种”，故紫禁城内处处见龙，太和殿更是宛如龙的世界，

太和殿藻井

据统计，殿内共有 12 654 条各式各样的龙。

《礼记》所云“礼，有以多为贵”“有以大为贵”“有以高为贵”“有以文为贵”。这些在太和殿都有集中的体现。太和殿在明代初建时，面阔九间、进深五间，大量使用金丝楠木，是体现“九五之尊”的最高等级。清代康熙三十四年（1695 年）翻修时，没有同样巨大的良材，只好缩短间距跨度，把面阔改为 11 间，却由此成为我国古代建筑中独一无二的 11 开间。建筑面积达 2377 平方米，是我国现存最大的木结构单体建筑。太和殿高 26.92 米，如果从广场地面算起，到正脊大吻卷尾顶部则通高 35.05 米，是紫禁城内最高的宫殿。正脊两端的大吻（吞

神武门脊兽

脊兽）是由鸱尾演变而来，传说汉代“柏梁殿灾后，越巫言海中有鱼，虬尾似鸱，激浪即降雨，遂作其像于屋，以厌火祥”。一说其为“龙生九子”之一，好登高瞭望，能降雨防火，被神用宝剑将其镇在屋脊上。宫殿建筑岔脊上的走兽（檐角兽）数量标志建筑等级，一般为1—9个，唯有太和殿岔脊上在仙人骑鸡之后、套兽之前，依次有龙、凤、狮子、天马、海马、押鱼、狻猊（麒麟）、獬豸、斗牛（吼）、行什等10种走兽，亦属于特例。

明清两朝，每逢皇帝登基、大婚、册立皇后、生子、命将出征等重大活动，及每年元旦、冬至和万寿（皇帝生日）三大节日，均在太和殿举行庆典，其中最隆重的当属登基大典。

登基大典之前，先分派官员至天坛、地坛、太庙、社稷坛祭告。吉日黎明，皇帝先在后宫行祗受命礼，身着饰有日、月、星辰、山、龙、华虫、宗彝、藻、火、粉米、黼、黻“十二章”、绣有10条五爪金龙的朝服，代表自己继承从有虞氏以来的几千年正统帝系，“如天地之大，万物涵覆载之中；如日月之明，八方囿照临之内”。当日太和殿御座前设宝案、诏案等，宝案上奉皇帝之宝，诏案上奉表章，宝鼎内焚香，殿门外正中设华盖，两边陈法驾卤簿，殿外檐下设中和韶乐（明代中和韶乐设于殿内东西两侧），太和门设丹陛大乐，王公在丹陛之上、百官在丹陛之下御道两旁仪仗外侧，王公依亲疏爵位身着织有五爪蟒和四爪蟒圆形补子的朝衣补服，文官依品级身着织有云鹤、锦鸡、孔雀、云雁、白鹇、鹭鸶、鸂鶒、鹌鹑、练雀等禽纹的朝衣补服，武将依品级身着织有麒麟、狮子、豹、虎、熊、彪、犀牛、海马、獬豸等兽纹的朝衣补服，文东武西相向排班立位。吉时，午门钟鼓齐鸣，皇帝由乾清门左旁门出乘舆，在仪仗护卫下至中和殿升座，内臣、侍卫、部院执事在殿前行礼，礼部尚书至檐下跪请即皇帝位，中和韶乐奏《元平之章》，皇帝御太和殿升座，三鸣鞭，王公百官入仪仗内侧拜位，北向行三跪九叩礼，丹陛大乐奏《庆平之章》，大学士诣宝案请用宝，颁诏布告天下。

十二章纹朝服

礼成三鸣鞭，中和韶乐奏《和平之章》，皇帝退朝回后宫，仍由乾清门左旁门入。由于明清两朝皇帝举行登基大典时一般都在先皇帝治丧期间，因此宫悬大乐设而不作，表陈而不宣。

宣统元年（1909 年），年仅三岁的溥仪登基时，在冗长乏味的仪式中，枯坐在冷冰冰的宝座上，面对殿前台下黑压压的人群，看着殿内青烟缭绕之中毫无表情的面孔，竟吓得大哭起来，其父摄政王载沣跪在宝座旁扶着他，急得连声劝慰："快完了！快完了！"不想一语成谶，三年后清王朝就真的"完了"。

在太和殿举行的朝会大典基本上是纯礼仪性的，一般既不奏事，也不降旨。皇帝真正处理日常政务，或在御门听政时，或于每日早饭后在乾清宫、养心殿等处披览奏章时随时召见诸臣。因此御太和殿有时也成为一种无可奈何的负担，这从乾隆皇帝的《御太和殿视朝诗》可见一斑："五更微雨鸡鸣止，衮衮千官肃侍仪。金鼎烟中三殿曙，林钟律里八音披。升迁毕谢萃朝彦，职贡例瞻引海夷。蒇事更衣向西苑，出城欲趁晓凉宜。"

元旦、冬至、万寿三大节的朝贺仪式后，有时也在太和殿举行最高等级的筵宴。祭天（祀圜丘）、祈谷、祈雨（常雩）的前一天，皇帝在太和殿阅视祭文（祝版）。

即使是在太和殿这样的核心禁地，有时也会发生令人哭笑不得的事件。清代光绪三十一年（1905 年）七月初八，三大殿值班章京在照例巡查时发现太和殿西间东窗棂脱落且隐约听见殿内有人声，急忙奏报景运门值班大臣，并惊动了总管内务府大臣，宫内顿时如临大敌，急忙调集重兵团团包围太和殿，然后开门冲进去，发现有一人正在殿内自言自语、手舞足蹈，众人将其制服后从其身上搜出短刀、火柴、铜钱等物，经反复审问并经医官诊断，认定其为京郊大兴县名叫贾万海的疯子，如何带刀进宫不得而知。此人最终被处以绞刑。

太和殿之后为中和殿，《礼记·中庸》："喜怒哀乐之未发，谓之中；发而皆中节，谓之和。中也者，天下之大本也；和也者，天下之达道也。致中和，天地位焉，

紫禁之巅看故宫

中和殿全景

中和殿内景

万物育焉。”中和殿面阔三间，进深三间，方檐圆顶，殿内有精美的雕刻彩绘，金扉金锁窗，殿正中设宝座。《阅微草堂笔记》载每逢日出，中和殿鎏金宝顶将一道金光反射到数里以外灯市口东的二郎神庙内，时人称奇。中和殿在明代是皇帝赐宴亲王或召对近臣之所，殿内设御榻，榻四周雕刻金龙，崇祯十四年（1641年）四月在此赐宴13名近臣，以高大如瓶的金莲花杯饮酒，称“莲花宴”，传为雅话。清代中和殿是皇帝到太和殿上朝前小憩之地，凡遇朝会大典，皇帝先御中和殿升座，接受内侍近臣行礼，然后出御太和殿。每年开春之际，皇帝御中和殿视察农具、粮种，以示重本。此外，祭先农坛、地坛、太庙、社稷坛之前，皇帝在此阅览祭文。

中和殿之后为保和殿，亦取《易经·乾卦》彖辞“保合大和乃利贞”之意。面阔九间，进深不及五间，但因采用“减柱造”方法，殿内显得比较疏朗。这里在清乾隆年间成为科举考试中最高等级的“抡才大典”——殿试的场所。

明清社会，当男童长到六岁左右时，富家延西席、穷户送塾馆，开始发轫启蒙，从教读《论语》首句“子曰：学而时习之，不亦说乎”起，以《千字文》识字，以《千家诗》《唐诗三百首》习韵,以《大学》《中庸》《论语》《孟子》和《诗经》《尚书》《礼记》《周易》《春秋》（合称“四书五经”）读经,兼及《古文观止》等，一般经过十多年寒窗苦读的童生生涯，就可以参加当地的县试、府试、院试三种考试，由地方官或省学政任主考，通过者为生员，分廪生、增生、附生三等，俗称秀才。秀才有资格参加在省城举行的乡试，由朝廷派官主考，通过者称举人，第一名称解元。乡试每三年举行一次，在科举考试中起着承上启下的重要作用，竞争十分激烈，称“大比”，又因在秋天举行，故名“秋闱”。举人方有资格“进京赶考”，参加在京城由礼部主持的会试，通过者称贡士，第一名称会元，会试一般在乡试次年春天举行，故又称“春闱”。通过会试的贡士才有资格参加以皇帝名义在皇宫主持的殿试，但殿试一般不淘汰考生，只是重新确定名次。逢皇帝登基、大婚、万寿等庆典常增加一次科举考试，称恩科。

明代初年，殿试定于会试当年的阴历三月初一举行，成化八年（1472 年）因与悼恭太子出殡（发引）日期冲突，改为三月十五日殿试，此后成为定制，清代中期又将殿试改在四月举行。殿试场所，清代顺治十五年（1658 年）前是在天安门外，其后移至太和殿前丹墀内进行，雍正初年改在太和殿内策试，乾隆时再改在保和殿内策试，成为定制，但唱名发榜（传胪）仍在太和殿前举行仪式。

殿试程序各朝略有不同。一般来说，殿试前一日，读卷大臣拟策问题进呈皇帝钦定，送内阁刊刻，护军统领率兵守护。殿试日黎明，保和殿内设黄案、试桌，黄案上奉试题，试桌上贴考生姓名条。贡士们按会试名次，单数走左掖门、昭德门，双数走右掖门、贞度门，由鸿胪寺官导引入宫。至丹陛下，读卷执事各官与贡士分别行三跪九叩礼，执事官发试卷，鸿胪寺官导引诸考生入试桌答卷，考试时间以日落为限，受卷弥封官在中左门下收卷弥封。光绪年间为改为监试大臣在殿内收卷并在卷尾画押。清代顺治皇帝、乾隆皇帝均曾亲临答卷考场。

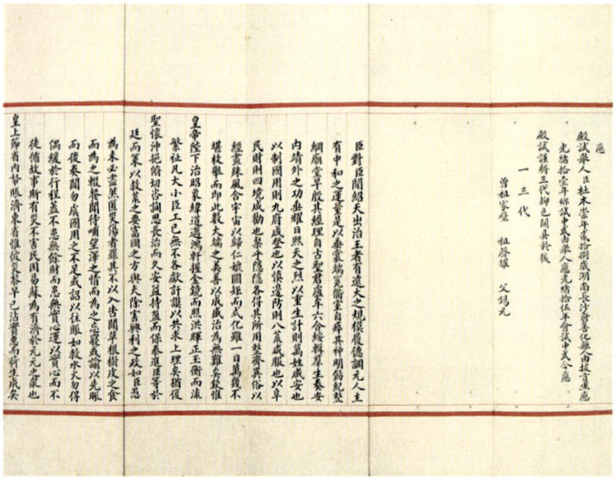

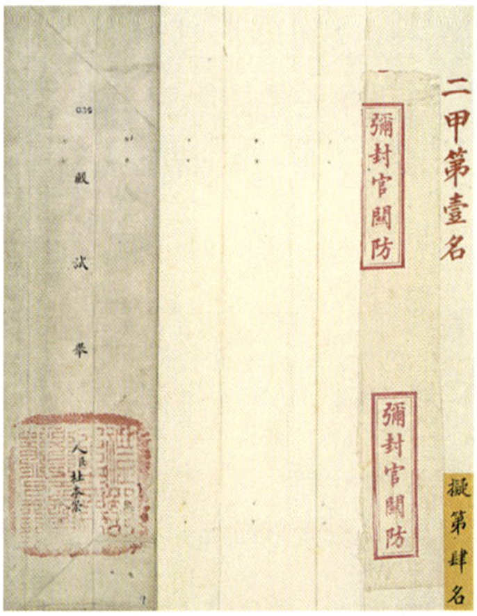

考生试卷

考试结束后，明代是皇帝亲自阅卷判名，清代由皇帝钦命 8—14 位（顺治、康熙时期为 14 人，雍正元年改为 12 人，乾隆二十五年减为 8 人）读卷大臣会集在文华殿（一说东阁）“公同阅定”，传胪（唱名发榜）前一日将前 10 名答卷缄封进呈御览，皇帝在养心殿西暖阁批阅，钦点一甲三人名次即状元、榜眼、探花，其余七人为二甲，10 名以外为三甲。大臣将三甲姓名缮写到黄榜上，即“金榜题名”，因其钤“皇帝之宝”，故又称“皇榜”。有时皇帝还在养心殿亲自召见殿试前 10 名。传胪日，陈卤簿于太和殿前，设中和韶乐于太和殿檐下、丹陛大乐于太和门内，丹陛上设案，丹陛下设云盘，午门外设彩亭仪仗。鸿胪寺导引诸贡士仍从午门左右掖门入宫至太和殿前广场内按名次分两列站立。礼部堂官到乾清门奏请皇帝乘舆至太和殿升座，中和韶乐奏《隆平之章》，阶下三鸣鞭，丹陛大乐奏《庆平之章》，读卷执事各官行三跪九叩礼，大学士奉黄榜（即“金榜”）出授礼部尚书，诸贡士跪，宣制唱名，一甲赐进士及第，二甲赐进士出身，三甲赐同进士出身，皆为“天子门生”。诸进士行三跪九叩礼。唱名完毕，赞礼官带领一甲状元、榜眼、探花三人至丹陛下迎榜，状元稍前，距丹陛螭首最近，此即唐宋“独占鳌头”的遗意。三鸣鞭，中和韶乐奏《显平之章》，皇帝还宫。礼部官以云盘承黄榜，由黄盖引导出太和门中门、午门中门，一甲三人随之出，在长安左门张挂黄榜，顺天府尹为状元敬酒并披红挂彩送回府，“十年寒窗无人问，一跃龙门天下知”，长安左门因有“龙门”之称。

殿试一甲三名可直接进翰林院，状元任修撰，榜眼和探花任编修。二甲和三甲进士则还需参加一次院考（“进士朝考”），通过的成为翰林院庶吉士，三年后留院任职或出任科道官，其余的进士可直接出任知县一级地方官。不管怎样，一中进士，通常就“身随翡翠丛中列，队入鹅黄者里行”，奠定了飞黄腾达的基础。但在专制帝王心中，即使是最优秀的文学侍臣，也“实不过倡优蓄之”（乾隆皇帝叱纪晓岚语）。

与封建传统的世袭制（“龙生龙，凤生凤”）、容易变味的察举制（“举孝廉，父别居”）、讲究门第的九品中正制（“上品无寒门，下品无世族”）等相比，“学而优则仕”的科举制是更为公平的人才选拔方式，体现了公开、平等、知识导向等积极因素，代表着社会的进步和发展。科举制度肇始于隋代开皇年间，在唐代获得发展，为朝廷笼络了大批才俊，唐太宗为此欣喜地说：“天下英雄尽入吾彀中矣。”宋代科举制更加成熟，增加殿试，并弥封姓名、誊录试卷以策公正，宋代皇帝直言“书中自有黄金屋”“书中自有千钟粟”“书中自有颜如玉”。明清两朝科举制发展到极端，盛极而衰。截至清代光绪三十年（1904 年）举行最后一次科举考试，科举制度在中国共存在了 1300 多年，至少在前半期是同时代世界上最为先进的社会制度之一，对维系中国社会、传承中华文化发挥了十分重要的作用。

但是，进入明清以后，科举制日益僵化，一律采用制义文体，破题、承题、起讲、入手、起股、中股、后股、束股，多用对偶句式（骈体），形式呆板，俗称“八股文”；内容依照朱熹注释的四书五经，“恪遵传注，体会语气，谨守绳墨，尺寸不逾”，代圣人立言，限制个人发挥；甚至考试字体也逐步形成四平八稳的“馆阁体”；即使是与现实联系最紧密的殿试策论，亦属“带着镣铐跳舞”，并非可以直抒胸臆。因此顾炎武称：“八股之害，等于焚书。”可笑的是，八股文试题一度追求偏怪，甚至有割裂文意的所谓“截搭题”，例如取《论语》季氏章末句“异邦人称之，亦曰君夫人”的后三字与下一章首句“阳货欲见孔子”的前三字凑成考题“君夫人阳货欲”，纯属文字游戏，令人不知所云。更有甚者，明清两朝还将科举考试与文字狱结合起来，明代嘉靖年间和清代雍正年间均有因会试题目酿成的文字狱，前者题目“绥之斯来”因下文有“其死也哀”触犯帝讳，后者题目“维民所止”被认为暗指雍正无头而招大忌，其实这些题目均出自四书五经，孰料有人竟因而获莫须有之罪，甚至丢掉了身家性命。因此，科举制从形式到内容日益与现实社会脱节，这不仅造就了一大批“两耳不闻窗外事，一心只读圣贤书”的士人，而且助长了不重视经世致用的社会风气，明清两朝的社会精英们就这样在皓首穷经之中消磨了意气，一代又一代玉树临风的青年才俊就这样变成了老气横

保和殿

保和殿内景

秋、碌碌无为的官僚士大夫。以凤毛麟角的状元为例，据统计，从隋初到清末的1300多年间共产生了约800名状元，而其中在历史上有所作为的可谓寥若晨星，大都在科举制这条独木桥上挣扎得身心交瘁（“国朝状元，多不永年”）。

但不管怎样，科举考试毕竟是封建时代最重要的晋身之阶，因此全社会无不趋之若鹜，一些人不惜铤而走险，明清两朝多次发生各级科举考试舞弊案件，朝廷严惩之下，屡屡人头落地。例如，清代顺治年间，顺天府乡试和江南乡试相继发生贿赂舞弊案，后者在当地引发风潮，学子们将左、赵两名主考官的姓氏嵌入对联：“左丘明有眼无珠，赵子龙一身是胆。”并将考场大门上的“贡院”之名增减笔画改为横批：“卖完。”顺治皇帝下令将所有中试举人一律戴枷押赴京城，“候朕亲行复试”，根据复试结果重新发榜并严厉查究贿赂舞弊案，惩办了大批涉案人员。应该说，在县试、乡试、会试中屡屡发生的科场舞弊案在殿试中相对较少，不过殿试结果也会因读卷官的暗箱操作和帝王的个人好恶而存

保和殿后台阶石栏

在一定的随意性。

保和殿在明清两代还是皇帝赐宴之地。明代嘉靖以前称谨身殿，赐宴时，设皇太子席于御座东偏西向，亲王席在御座两侧由北往南排列，东西相对，三品以上大臣也在殿内设席，均每人一席，四至九品官员在殿庑下设席，文东武西，每两人一席。除皇帝是坐在宝座上，前设高案外，其他人都是坐在地面铺的棕毯上，前设矮案。清代，每逢除夕，皇帝照例在保和殿宴请蒙古王公以示恩眷。

保和殿后的下层御路（“云龙阶石”）是用整块青石雕成，长 16.57 米，宽 3.07 米，厚 1.7 米，重 200 多吨，是紫禁城内乃至我国古代最大的一块石雕，当初

武英殿雪景

文华殿

营建紫禁城时，动用了2万民夫加1000匹骡马，历时28天，费尽艰辛，花了11万两白银才将其从京郊运来。石上浮雕蟠龙云海，其中蟠龙身首高凸，下部为海水江崖，周边浅刻卷草，两侧踏跺浮雕狮马，造型生动，构图大气，是清代乾隆年间凿去明代原有雕饰后重新雕刻的。

三大殿自成一体，构成外朝的核心，周围有两阁、四楼、九门。在太和殿的东南和西南，有两座对称的楼阁，明代初建时分别称文楼、武楼，嘉靖年间改名为文昭阁、武成阁，清代顺治年间又更名为体仁阁、弘义阁。这是紫禁城内仅有的两例在两厢使用庑殿顶并带腰檐的建筑。体仁阁，取《易经·乾卦》彖辞“君子体仁，足以长人”之意，明代初建时曾用于收藏《永乐大典》，康熙皇帝曾于科举之外在此针对前明遗老开“博学鸿词科”，从中拔擢翰林纂修《明史》等，朱彝尊即其一，因非科举“正途”出身，当时被称为“野翰林”。清初体仁

故宫西北角楼

阁还曾用于供奉清太宗甲胄，收藏孝庄文皇后玉册玉宝，供奉太祖、太宗、世祖御容等。弘义阁为清宫内务府的银库，曾存放大量黄金、白银、珍珠等。三大殿庭院四角建有崇楼，系以宫廷的四隅象征大地的“四维”，这是《周礼·考工记》中最高等级建筑特有的制度。外朝这四座崇楼与紫禁城四座角楼内外呼应，形成“回”字形框架。

在三大殿的东南和西南，分别有文华殿和武英殿两组建筑。

文华殿位于紫禁城东南，对应于东天的角、亢二星宿（即“文曲星”）。有院门，前后两进，正殿名文华殿，歇山式屋顶，饰金龙和玺彩画。后殿名主敬殿，正殿前的东配殿为本仁殿，西配殿为集义殿。

明代嘉靖以前，邻近太子东宫的文华殿是“东宫视事之所”，天顺、成化两朝的皇太子践祚（继位）以前，均曾在文华殿学习处理朝政。殿顶旧覆绿色琉璃瓦，等级比黄瓦建筑低，院门前阶石亦只雕刻“三元”图案（仅有祥云而无龙形），以寓太子尚未成龙。但皇帝亦时常驾临文华殿闲居。宣德年间，在文华门的东廊设数名翰墨官员，专门应召书写对联、喜帖之类，称“文华门耳房书办”。

明英宗朱祁镇病逝于文华殿。英宗正统年间宠信太监王振，草率亲征北方劲敌瓦剌，在土木堡兵败被俘，史称“土木之变”。为绝瓦剌勒索之意，受命监国的皇弟朱祁钰在太后主持和群臣推戴下继位，即代宗（景帝），改元景泰，遥尊英宗为太上皇，重用于谦力挽狂澜，使局势转危为安。不久英宗被瓦剌送还，却被代宗软禁在南宫（今皇史宬或欧美同学会一带）。景泰八年（1457 年），部分大臣、太监趁代宗病重，拥立英宗复辟，改元天顺，史称“夺门之变”。英宗晚年下诏废除了自明太祖以来后宫妃嫔为皇帝殉葬的陋规。

明代成化年间，无子嗣的英宗原配钱太后去世，仍健在的宪宗生母周太后不希望将她与自己的丈夫英宗合葬，令在英宗裕陵附近下葬。文武百官认为这与礼制不合，纷纷呈上表章抗辩，并在姚夔带领下集体到文华门外跪谏。宪宗不得不亲自到周太后宫里，足足花了三个时辰才说服周太后改变初衷，同意将钱太后与英宗合葬，但暗中仍将两个墓穴之间的通道堵死。

嘉靖初年，藩王出生入继大统的世宗朱厚熜常居文华殿，曾在此召见阁臣，执意要给身为藩王、王妃的亲生父母上帝、后尊号，引发“大礼议”，又在此下旨严惩参与左顺门哭谏的群臣，酿成比正德十四年（1519 年）更为严重的廷杖群臣并致人死命的重大事件。

从嘉靖十五年（1536 年）起，改文华殿为经筵之所，即翰林院学士为皇帝讲经说史或皇帝为百官宣讲经义之地，殿顶改覆黄色琉璃瓦，清代沿袭，并将后殿主敬殿作为皇上斋居之地，在东室设御榻，墙上有“正心诚意”横幅，西室为寝室。

清代春秋两季每逢经筵大典时，皇帝穿常服，出乾清宫，乘舆至文华门，入殿升座，座后有屏风，座前两侧有一对鎏金铜鹤。院内东边站立满族讲官、大学士、礼部尚书、户部尚书、吏部尚书等，西边站立汉族讲官、兵部尚书、刑部尚书、工部尚书等，向皇帝行二跪六叩礼，然后满、汉讲官轮流走到讲案前，行一跪三叩礼后照本宣科进讲四书五经史传章节，最后皇帝阐发经传的大义宏旨，众官跪伏聆听，再行二跪六叩礼。经筵完毕，皇帝升舆还宫，在文华殿或文渊阁内赐讲官、记注官坐饮茶，当日在太和门东廊或文华殿东西配殿赐众官宴。陈廷敬有《讲筵纪事》诗：“天语开黄卷，乾文上彩毫。万言亲讲诵，或恐圣躬劳。”

明代崇祯十四年（1641 年），紫禁城东北角楼新修成，思宗经筵讲学之后，登临角楼视察时，对诸臣提出要尊崇周敦颐、程颐、程颢、张载、朱熹、邵雍六子。

文华殿在清代还是殿试阅卷处，殿试后由皇帝钦命读卷大臣在此阅卷，并共同挑选出前 10 名试卷进呈御览。

清代光绪二十年（1894 年）至二十四年（1898 年）间，皇帝均在文华殿接见各国使臣呈递国书，届时外国使臣多由东华门进出，因东华门在清代常作为帝后出殡之门，有“鬼门”之称，故民间谓之“鬼子走鬼门”。

传心殿大庖井

文华殿东侧有传心殿，从明代嘉靖年间起供奉儒家尊崇的圣贤，它与文华殿建筑群一起构成我国现存最完备的一组经筵建筑群。传心殿院内有一眼泉水井，名为大庖井，“泉味独甘”，明黄建《京师泉品》品题：玉泉第一，大庖井第二。

传心殿东面有“三座门”，建于乾隆二十四年（1759 年），门前蜿蜒流过的金水河上有三道金水桥，内务府每年按例在桥南接受蒙古各部台吉进呈的汤羊等贡物。

武英殿与文华殿东西遥遥相对，建筑也基本对称，同样为前后两进，正殿名武英殿，后殿名敬思殿，正殿前的东配殿为凝道殿，西配殿为焕章殿。但武英殿院门前有金水河及三道金水桥，汉白玉石阶雕刻龙纹，殿顶覆黄色琉璃瓦，等级明显高于文华殿。

由于奉天殿建成之初即被烧毁，武英殿在明代永乐、洪熙、宣德诸朝实际发挥着奉天殿的功能。永乐年间，因“北京冬气严凝，群臣早朝奏事，久立不堪”，规定奉天门的常朝仪式结束后，皇帝御“右顺门内便殿”（即武英殿），百官有事者以次入奏，无事者退朝治事。

明成祖常以唐太宗自比。《贞观政要》记载，唐太宗曾将各地都督、刺史姓名书写在宫室屏风上，逢其有政绩或过失时就标注在姓名之下，作为平时考核

浴德堂内景

浴德堂室外水井水道

的依据。明成祖也效法此道，在武英殿南廊书写朝廷百官的姓名，随时稽考。明仁宗又下令吏部、兵部将各布政司、按察司、都司官员的姓名、履历写在西墙上以便考察。

明末李自成攻占北京后，骄傲轻敌，决策失误。镇守山海关的明将吴三桂因家人被捕、爱妾陈圆圆被抢，“冲冠一怒为红颜”，引清兵入关为援，李自成率军亲征，遭夹击失利，遂返回紫禁城，于崇祯十七年（1644 年）四月二十九日在武英殿登基，“陈卤簿出郊”，“被冠冕，列仗受朝”，然后连夜火烧宫殿，次日黎明就仓皇离京西逃。五月二日清兵入城，摄政王多尔衮骑马入朝阳门，又换乘辇车进宫来到武英殿，升座接受明代官员的投诚、朝拜，并以此地作为自己处理政务的场所，顺治皇帝入关进京之初，也以武英殿作为朝堂，新兴的满族政权就是在这里制定和实施了一系列以武力为后盾的策略，取而代之。

武英殿东北角有浴德堂，取《礼记》“儒有澡身而浴德”之意，很可能是元代的遗物，主体为穹顶砖室，上有天窗，砖室西侧有井台，北侧有火炉房，均以水道相通，是一组典型、精巧的土耳其式浴室建筑。它在明代的具体用途不详，一说是皇帝斋戒前沐浴之地，清代文献记载其为武英殿修书处的一部分，《国朝宫史》称武英殿“西有浴德堂，为词臣校书直次”。民国初年流传这里是清代乾隆皇帝宠爱的香妃沐浴之所。清代称天山以北为准部或北疆，天山以南为回部或南疆。传说香妃为回部首领小和卓霍集占之妻，因天然身有异香，后世称香妃。霍集占与其兄长期被天山以北准部首领拘禁在伊犁，清廷平定准部时将其释放回南疆，他们乘北疆阿睦尔撒纳之乱，在回部拥众自立，抗拒清廷招抚，清军平定北疆后出兵南疆，霍集占兄弟兵败携眷逃奔巴达克山时，因暴虐无礼被当地部族擒杀，香妃被献入清宫，乾隆皇帝垂涎其美貌，欲纳为妃，对她百般优容，无奈香妃始终不为所动（一说因香妃深受乾隆皇帝宠爱，妒火中烧的其他妃嫔于是到太后面前进谗言），最终在乾隆皇帝出宫祭天斋宿时，她被皇太后赐命自尽，香消玉殒。但据考证，所谓香妃，其实是由历史上的容妃和卓氏附会而来，她本是叶尔羌回部台吉和扎赉之女，生于雍正十二年（1734 年），乾隆二十五年（1760 年）其兄图尔都帮助定边将军兆惠率领的清军平定大、小和卓之乱后受封为扎萨克一等台吉，迁居京城，她也应选入宫为贵人，因姿容美丽、能歌善舞，深受乾隆皇帝宠爱，八年之间屡封至容妃，并被特许在宫中着本民族服饰，按本民族习惯饮食，曾随乾隆帝南巡、东巡。乾隆五十三年（1788 年），容妃在北京病故，享年 55 岁，葬于今河北遵化市清东陵的裕陵妃园寝之中。但容妃生前也不太可能到位于外朝的浴德堂沐浴。而关于香妃的传说，在一定程度上反映了当时历史背景下的某些真实社会心态。

在三大殿院墙外东侧，有箭亭，实为殿，“人”字形漫坡房脊，南五北三共八道大门，无窗户，朱漆廊柱环绕，外檐有龙枋金线大点金彩画。清太宗皇太极曾有谕旨：“恐日后子孙忘旧制，废骑射，以效汉俗，故常切此虑耳。”清军

箭亭外景

入关后，明令禁止满人从事“贱业”，膏粱子弟们整日养尊处优，难免游手好闲，逐渐丧失了入关前的朝气和锐气。乾隆年间居安思危，为发扬满族尚武习俗而建箭亭，作为宫内练习、考核骑射的场所。又命从八旗中每旗各推选 15 名神箭手（称“十五善射”），到箭亭比试武艺，由皇帝亲自检阅奖赏。咸丰以后，改到抚辰殿校阅亲王、大臣、侍卫骑射。

明代嘉靖年间对年老体衰的大臣有乘马、乘腰舆、乘肩舆的不同恩赏，但似只限于离宫别馆；而对宫内的大太监则有“赐内府骑马”甚至“著于内府坐凳杌（一种简陋的腰舆）”并可直达乾清宫的恩赏。清代除“赐居内城宅”（本满族官员待遇）、“赐穿黄马褂”（本御前近臣内侍待遇）、“赐戴孔雀花翎”（本武将勋臣待遇）等赏赐外，还有“赐紫禁城骑马”的恩荣，清初仅限亲王、郡王、贝勒、贝子，康熙、乾隆时期扩展到年高德劭的大臣，获此殊荣者，由东华门进至箭亭下马，由西华门进则至内务府总管衙门前下马。其中年老体弱者还被恩准乘坐二人抬椅或肩舆代替骑马。清代同治元年（1862 年），恭亲王因参与“辛酉政变”、拥护“垂帘听政”有功，被两宫太后破格恩赏“在紫禁城内坐四人轿”。

不过清代紫禁城内专司防火的机构激筒处的官员却可以在宫内骑马巡查。

院墙东侧还有上驷院，遗址位于左翼门以东、三座门以北。明代为御马监，清代康熙十六年（1677 年）改名上驷院，为皇家御马的管理机构。上驷院下辖十八厩，其中御马厩、良马厩、对子马厩与院署相邻。清代还从上三旗中每旗选 10 名擅长正骨疗伤者充任上驷院马医，并兼给宫廷执事人员治疗跌打损伤，称“蒙古医士”。康熙四十七年（1708 年）废黜太子允礽，“设毡帷上驷院侧，令允礽居焉”，后来才改到咸安宫禁锢。

乾隆年间，有一位姓来的大学士买下一匹运煤的老马进献给皇帝说是千里马，人皆不以为然。当时天山以北的准部由厄鲁特蒙古四部分居，辉特部台吉阿睦尔撒纳与准噶尔部台吉达瓦齐争夺对该地区的统治权，阿睦尔撒纳兵败，率众内附，投奔清廷，乞兵相助，乾隆皇帝优礼抚绥，欲借机雪雍正九年（1731 年）清军征准部丧师折将之耻，遂决定派大军西征，在调兵遣将期间，乾隆皇帝有一天向阿睦尔撒纳夸耀宫内上驷院的御马，擅长骑射的阿睦尔撒纳却都看不上眼，最后牵出这匹老马，阿睦尔撒纳三次骑上去三次被马摔下来，不禁满脸羞惭。后来阿睦尔撒纳随清军打回准部，达瓦齐兵败逃往天山以南，被乌什首领霍吉斯缚献清军，乾隆皇帝在午门受献俘礼时将其特赦并封为亲王。平定达瓦齐后，清廷重新分封厄鲁特四部，欲使其互相牵制，阿睦尔撒纳仅得一部，深怀不满，不肯受制于清廷，竟趁清军班师，率众围攻留守大臣，欲乘机兼并各部，天山以北再起烽烟，清廷再派大军征讨，历时数年彻底平定准部，阿睦尔撒纳败逃俄罗斯，未几病死，乾隆皇帝命理藩院致书俄罗斯索还尸首验明正身方罢，遂设伊犁将军统辖天山北路。乾隆皇帝回想起当初在上驷院的那一幕，认为这匹老马能识别忠奸，特赏给它三品俸料。

协和门以外有内阁大堂。嘉靖十六年（1537 年），鉴于原内阁公署地方狭小，皇帝下令在左顺门（即协和门）之外、文华门以南的文渊阁中一间设御座，将

文渊阁

其左右各两间作为内阁大臣的办事场所，并在文渊阁西边制敕房南面的空地上增建三间卷棚屋，作为内阁僚属的办事处。因内阁设在文渊阁，故有时以文渊阁代称内阁。

唐太宗为秦王时曾开文学馆，延聘杜如晦、房玄龄、姚思廉、陆德明、孔颖达、虞世南等 18 人为学士，即帝位后改设弘文馆，命学士轮流入值，常与之讨论文学经籍之义、为政治国之道。宋代设昭文馆大学士、集贤殿（院）大学士，实由宰相兼领，又设观文殿、资政殿等大学士专授“辅臣之去位者”以示恩宠。明清两代仿唐、宋之制设殿阁大学士，明代洪武、永乐、洪熙、嘉靖各朝设华盖殿（中极殿）、谨身殿（建极殿）、武英殿、文渊阁、东阁等大学士不一，清初开四殿二阁（中和殿、保和殿、文华殿、武英殿、文渊阁、东阁）大学士，清代乾隆年间改为三殿三阁（保和殿、文华殿、武英殿、文渊阁、东阁、体仁阁）大学士，此后相对固定。

明太祖朱元璋在洪武十三年（1380 年）胡惟庸案之后，废除丞相之职，吏、户、礼、兵、刑、工六部直接听命于皇帝，洪武十五年（1382 年）以后，设立殿阁大学士，为正五品，协助皇帝处理政务（辅政），最初“只备顾问”，永乐以后正式形成内阁，并以内阁大学士“参予机务”，洪熙以后甚至代理六部侍郎、尚书或授以公孤衔，因此内阁兼有皇帝幕僚和朝廷决策机关的职能。明代朝政的运作体制为：大臣上奏言事，皇帝下发廷议（或留中不发），内阁票拟，皇帝批红，内阁承旨拟诏（或封还圣旨），交付有司办理。阁臣虽然品级一般较低且多无实职，但因参与议政且掌“票拟”（起草圣旨谕批或朝廷公文）大权，内阁首辅习惯上仍被视同丞相。明成祖朱棣曾对解缙、杨荣等阁臣说：“天下事朕与若等共计之，非若六卿只分理也。”因此，阁臣贤否关系重大，遴选阁臣也成为重要朝政之一。有时内阁认为皇帝谕旨不妥，会行使“封还”之权。例如明代嘉靖年间，朝议大礼，世宗徇情，群臣执礼，内阁先后四次封还御批，并上疏抗辩 30 余次，为明清两朝所仅见。但更多时候内阁并不敢忤逆龙鳞，一般都是遵旨抄发，“躬捧封章趋玉陛，手批天语出层霄”。例如明代成化晚年，因内阁大臣们尸位素餐、毫无建树，时人讥称“纸糊三阁老，泥塑六尚书”。明代嘉靖初年，鉴于官僚体系庞大，官滥员冗，首辅杨廷和奏准削减官职节减漕粮，竟有丢官失职者在杨廷和入朝时持刀恫吓，皇帝为此下令派禁军护送其出入。明代晚期群臣党同伐异、互相攻讦，阁臣难产，思宗无奈之下，仿古代枚卜制度，将各方推荐的阁臣姓名放入金瓯之内，焚香祷告后抽签产生。崇祯十五年（1642 年）元旦，思宗御皇极殿接受百官朝贺之后，命召阁臣入殿列于西班，口称先生向阁臣行揖礼，并说道：“执掌在部院，主持在朕，调和在卿等。”王公大臣们见状也纷纷站到阁臣之后，思宗却不客气地命令他们退回原班。

因内阁学士不属朝官，平时相对清闲，常聚在院内椿树下、花坛边，品茗、吟诗、弈棋。一次明宣宗从附近城墙上经过，听随从说学士们正在下棋，却不闻落棋之声，一问才知竟是用纸做棋子，皇帝听了大笑，第二天即赏赐给内阁一副象牙棋。当时院内花坛栽种了粉红、纯白、深红三株芍药，被分别命名为醉仙颜、玉带白、宫锦红，据说花开情形往往昭示阁臣们的升降去留。

一般来说，明清两朝皇帝对阁臣都优礼有加，平时屡有赏赐（且多称“送”不称“赐”），逢年过节赐宴观戏，又特准其免于参加礼仪排练等。但俗话说“伴君如伴虎”，尤其当相权与君权出现矛盾时，君臣之间鲜有善始善终的。嘉靖年间，对世宗有拥立之功的杨廷和因“大礼议”犯颜逆鳞，终遭削籍夺职。万历初年，首辅张居正小恙，神宗曾亲自调制椒汤奉饮，盛夏赐扇，隆冬赐毡，后又屡封其至太师，而张居正一旦病逝，仍不免有夺爵抄家之祸。

明代万历年间，自宣德以来内阁一直用于钤盖奏章的文渊阁银印连同印篋一并被盗，凸显出朝政趋于混乱。

熙和门外西南方原有逍遥城（一说其在西安门内），是明宣宗朱瞻基烤死叔父朱高煦之地。朱瞻基为朱棣长子朱高炽之子，聪颖早慧，深受祖父朱棣喜爱。“靖难之役”和北征鞑靼时，朱棣均派长子朱高炽留守，次子朱高煦跟随南征北伐，屡立战功。朱棣即位后曾有意立高煦为太子，因众臣反对废长立幼而犹疑未决，解缙劝说：“皇长子且不必论，陛下宁不顾及好圣孙么？”朱棣方才下决心立朱高炽为太子，封朱高煦为汉王。史载“仁宗为太子，失爱于成祖。其危而复安，太孙盖有力焉”。一次朱棣命皇子皇孙同谒孝陵，太子因患阴证，身体肥胖，步履蹒跚，朱高煦讥讽道：“前人蹉跌，后人知警。”朱瞻基应声回答：“更有后人知警也！”朱高煦闻言失色。成祖在北征途中病逝榆木川，朱高炽继位，是为仁宗，但享国仅一年亦病逝。朱瞻基继位，是为宣宗，不久，汉王朱高煦以“清君侧”为名起兵谋反，宣宗御驾亲征，生擒叔父回京，在宫内右顺门西南筑“逍遥城”

中路南薰殿

囚禁叔父，几年后宣宗去看望他，朱高煦坐在地上不予理会，并趁宣宗不备伸脚将其绊倒，宣宗一怒之下命锦衣卫用大铜缸将其倒扣住，周围堆上柴禾生生烤死了。

宣德年间，宣宗励精图治，重用杨荣、杨溥、杨士奇，政通人和，人称“三杨（阳）开泰”（泰卦为上坤下乾，代表正月，阴消阳长，冬去春来），史称宣德与洪熙两朝为“仁宣之治”。

紫禁城西南角有南薰殿，面阔五间，清代乾隆十四年（1749 年）将明代内阁大库收存的从伏羲至明代的历代先圣、先贤、帝后、功臣图像及明代帝后册宝移到这里收贮，另外还收藏许多书画，每年夏秋进行晾晒。

清代康熙以后，在武英殿西边陆续设尚衣监、三通馆、实录馆、文颖馆等。雍正七年（1729 年）在宫内设立官学，“教育内府三旗子弟及景山官学中之俊

东华门

秀者”，原址在寿康宫后的咸安宫，乾隆十六年（1751 年）扩建太后、太妃居所，改建咸安宫为寿安宫，将官学迁至武英殿西，仍称咸安宫官学。由于清代是一个多民族国家，且与周边国家联系密切，后又在官学内分设蒙古学房，并相继在附近设立琉球馆、俄罗斯馆等官学。

东华门、西华门是紫禁城的东、西正门，但位置并不在紫禁城东、西城墙的正中，而是靠近紫禁城南城墙，左右相对。清代西华门城楼存放皇帝阅兵穿用的盔甲。东、西华门外均有“至此下马”碑，除皇帝特许在紫禁城骑马乘舆的少数高官贵戚外，其他官员人等一律至此下马。

紫禁城四面大门上都安有门钉，兼有加固和装饰作用，一般九横九纵 81 颗，唯有东华门为九横八纵 72 颗，传说因为东华门等级低，明清帝后生前一般都不从此门出入，去世后灵柩从东华门出宫运至寿皇殿，故称东华门为“鬼门”，其门钉为阴数（双数）。其实明代帝后梓宫均是由午门出宫，清代才改为由东华门发引，但光绪年间慈安太后的灵柩却是从西华门出宫的。

慈禧太后去世后，次年中元节，宫内耗费巨资扎制了一艘长约 60 米、宽约 6.7 米的巨型法船供祭，船上楼台帆桨及各种器用一一具备，并有身着真实服装的纸扎官员、太监、宫女、船工等。祭毕，运到东华门外焚化，红焰烛天，引得男女老幼齐集观望。

东华门内长街原有鹰狗处，豢养皇帝出游打猎用的鹰狗，由两名皇帝身边的侍卫兼任总管，手下养鹰牧狗的都是世家子弟，服蟒袍戴纬帽，是紫禁城内地位最高的执事杂役。道光年间才将鹰狗处迁到东华门外。

帝后巡游一般从西华门出入，但康熙十六年（1677 年）皇帝驾幸古北口是从东华门出宫，百官跪送于东华门外。

— 第三章 —

治国齐家理后宫

[乾清门广场，天理教事变，清代日常理政，军机处；乾清宫，秘密建储，寿终正寝，红丸案，移宫案；昭仁殿，弘德殿，端凝殿，懋勤殿，上书房，南书房；敬事房，明清太监；养心殿，垂帘听政，三希堂，雍正夺位之说，清帝逊位；交泰殿，二十五宝，魏忠贤专权；坤宁宫，后妃品秩，清帝大婚；明代选淑女，清代选秀女；东六宫，田贵妃，董鄂妃，水晶宫；西六宫，宪宗得子，乾隆两位皇后；承华宫，壬寅宫变，世宗迷恋方术，昭德宫，万贵妃]

朕即天下，国乃吾家，关系国计民生的大政方针其实往往是在帝王日常起居的后宫酝酿制定的。君主的雄才大略或偏狭刻薄，太监的卑微地位和扭曲人格，无不化作历史的叹息。后三宫居中，东西十二宫分布两侧，恰似一只张开双翼的鸿雁，衔来春的消息，捎去秋的梦想，却载不动三千佳丽不为人知的苦和愁。

三大殿之后，是乾清门广场，面积 1 万多平方米，因形状狭长，又称“横街”，它将外朝和内廷分隔开来。由于保和殿东西的后左门、后右门不常开启，外朝和内廷实际是靠乾清门广场东面的景运门和西面的隆宗门沟通连接。“景运、隆宗二禁门，非奏事、待旨及宣召，虽王公大臣不许私入”。

嘉庆十八年（1813 年）九月十五日，隆宗门见证了一次被嘉庆皇帝惊呼为“汉、唐、宋、明之所未有”的宫廷事变。当时天理教在京畿一带势力很大，宫内一些太监也纷纷入教，甚至连豫王裕丰也与天理教头目林清有联系。林清视前一年的彗星天象为改朝换代的预兆，趁嘉庆皇帝出宫谒陵之机，聚集了 200 名教

乾清门广场

隆宗门斗匾

徒在宫内太监接应下分东西两路攻打紫禁城。其中东华门一路因抢道与卖煤者发生争执，有人脱衣露出刀械，引起守门官兵警觉，急忙关门，只冲进去 10 余名教徒，并被拦截在协和门一带。而西华门一路则有百余人冲进宫内，并在接应太监引导下一直杀到隆宗门前，因大门紧闭，一些教徒欲翻墙入内，被据守养心殿的皇子旻宁（即后来的道光皇帝）亲自用鸟枪击毙两人，另有两名冲进内膳房的教徒也被宫内太监杀死。其余教徒改攻中正殿和慈宁宫，并从马道冲上城墙，无奈大势已去，1000 多名官兵携火器陆续从神武门入宫增援，由北往南逐步清剿，杀死了大部分教徒，并从御河、城墙马道、南薰殿、午门城楼等处搜出若干藏匿的教徒，至次日宣告肃清。但京城谣传天理教即将发动更大规模的起事，一时人心惶惶，驻守午门的策凌竟率领部下弃城逃走。嘉庆皇帝闻变回銮，诱捕林清、屠杀教众，方才稳定局势。史称“林清之变”或“癸酉之变”。至今隆宗门斗匾上仍然残留着一个当时的箭头。

景运门外的箭亭广场，在清代中期是皇帝校阅王公、大臣、内侍等人骑术射艺的场所。清末庚子年间，慈禧太后欲借助京津义和团“扶清灭洋”，人肆招抚团民，宫内许多太监甚至王公大臣也纷纷加入义和团，当时义和团曾在广场设坛扎营，势力深入禁城重地。

乾清门是紫禁城内廷的正门，门外西侧为军机处、总管内务府大臣办事处、侍卫值宿房，东侧为外奏事处、散秩大臣值班处、文武大臣待漏朝房、侍卫值宿房。这里是清代最重要的朝政场所之一。

清代皇帝处理日常政务，一般是在每日早膳之后，有时上午半天，有时通宵达旦。据《天咫偶闻》记载，从雍正年间开始，每天子夜时分，各部院分别派一名文书（笔帖式）捧着装有奏折的函匣到东华门外会齐，跟随奏事官入宫至景运门内的外奏事处，将部院印片及奏折匣一并交给奏事官登记在簿。然后，外奏事处的官员进入乾清门，将奏折匣交给内奏事处的太监，由他们转呈至御前，这总共只需一个时辰。在乾清门外的石栏上，放有一盏白纱灯，部院文书都以此灯为信号，如果这盏灯被移到台阶上，就说明皇帝已经批阅完奏章了。不久，奏事官就捧着奏折出来，招呼各部院文书“接事”，奏事官点到哪个部院，哪个部院的文书就上前，只见奏事官一面发还奏折，一面宣读皇帝的朱批，或者是“依议”，或者是“知道了”，或者是“另有旨”。不大一会工夫，上百件奏折全部发还完毕，居然没有一件差错。原来，奏事处的官员们发现，皇帝的朱批大多不外乎这三种，于是就用记号帮助记忆，在奏折匣上划一横道代表“知道了”，划一竖道代表“依议”，即“横知竖议”，没有划痕的就是“另有旨”。凡是“另有旨”的奏折，都交内阁暂存，等积攒若干件后，传旨择日御门听政，由内阁通知各部院。

御门听政当天凌晨，在乾清门外正中设御榻，榻前设黄案，榻后置屏风。黎明时分，各部院奏事大臣及随员由中左门、后左门进至乾清门丹墀以东，向西序立，记注官、大学士、科道官则于丹墀以西向东而立。皇帝乘舆出门升座，侍卫环立，部院官员按照礼仪叩拜、起立，然后各部院大臣轮流捧着装有奏折

奏折匣

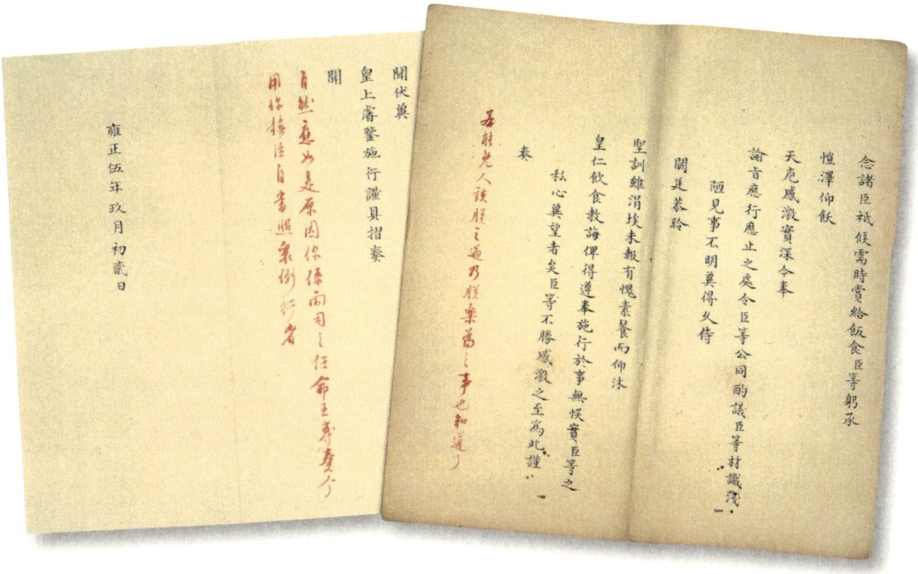

念諸臣祇候需時賞給飯食臣等躬承
愷澤仰飫
天庖感激實深今奉
諭旨應行應止之處令臣等公同酌議臣等材識淺
陋見事不明莫得久侍
闕廷恭聆
聖訓雖涓埃未報有愧素餐而仰沐
皇仁飲食教誨俾得遵奉施行於事無悞實臣等之
私心冀望者矣臣等不勝感激之至為此謹
奏
聞伏冀
皇上睿鑒施行謹具摺奏
聞
雍正伍年玖月初貳日

朱批“知道了”

的函匣登阶，跪呈于黄案之上，起立退回本班原位，再跪着口述所奏之事。各部奏毕，大学士登阶跪候，记注官向前至御榻右侧面东而立，由满族内阁学士开启函匣，取出折本依次奏闻，皇帝逐一降旨宣答，百官承旨，然后退回原位跪送皇帝还宫。

雍正七年（1729年），为及时处理西北军务并保守机密，雍正皇帝在自己的寝宫养心殿附近临时设立“军机房”，由亲信大学士入值，后来成为正式的机构——军机处。它直接听命于皇帝，承旨行事，架空了内阁，“军国大计，罔不总揽。自雍、乾后百八十年，威命所寄，不于内阁而于军机处，盖隐然执政之府矣”。雍正皇帝创立的军机处和秘密建储制度，极大地增强了皇权，使封建专制统治达到了顶峰。不过，军机处虽然位高权重，但毕竟是臣子办事场所，因此“屋小如舟”，且建筑等级低，均为无斗拱的黄瓦屋。由于军机处参预枢密，经常有人到此探听消息，以致有时“折稿未达于宫庭，新闻早传于街市”（嘉庆皇帝语），嘉庆五年（1800年）谕令“自王、贝勒、贝子、公，文武满、汉大臣，俱不准至军机处同军机大臣谈说事体，违者重处不赦”，同时禁止闲杂人等在军机处的门外、窗前、台阶下逗留窥探，并命都察院每天派一名科道官在军机处旁边的内务府值房负责监督。

军机处与此前的内阁一样，有时也会与皇权发生矛盾，而这时军机大臣就常常处境不妙。以乾隆年间最受宠信的和珅为例，他任军机大臣长达23年，同时还曾任步兵统领、户部尚书、兵部尚书、吏部尚书、理藩院尚书等要职，又历任四库全书馆总裁、国史馆总裁，并累封至一等公，可谓宠信独膺，权势空前。而嘉庆初年和珅倒台，虽然死罪罗列有20条之多，世人认为其第一大罪状是贪污（据史料记载，和珅贪污“有数可稽”的就达100亿两白银），但其实最根本原因在于当时“内而公卿，外而封疆大吏，皆出和门”，故嘉庆皇帝言“若不杀和珅，则天下只知有和珅，而不知有朕”。

军机处

乾清门内有长约50米、宽约10米、高约2米的皇帝专用甬道（阁道）通向乾清宫，与汉白玉台基相连，使乾清门、乾清宫、坤宁宫形成“王”字形格局。大臣只能从甬道两侧上下台阶往来，甬道北部丹陛下有东西向涵洞，俗称“老虎洞”，是太监、宫女们横穿庭院的通道。明代天启年间，熹宗喜欢与内侍在此洞内捉迷藏。陈悰《天启宫词》：“石梁深处夜迷藏，雾露溟濛护月光。捉得御衣旋放手，名花飞出袖中香。”清初在乾清宫丹墀两侧增设“江山”“社稷”两座小铜殿。

乾清宫，取《周易·说卦》“乾，天也”和《老子·道德经》“天得一以清”之意。在明代和清初是皇帝的正寝宫殿，但凡“临轩听政、岁时于内廷受贺、赐宴及常日召对臣工、引见庶僚、接觐外藩属国陪臣，咸御焉”。面阔九间，进深五间，殿内正中是金漆雕龙宝座及屏风。传说明代殿内后半部为暖阁，分为上下两层共九间小室，内置27张床，皇帝每晚随机选择一张就寝，所有床的帷帐均放下，连近侍也不清楚皇帝究竟在哪张床上睡觉。

乾清宫内景

乾清宫宝座上方悬“正大光明”匾，为顺治皇帝所书、康熙皇帝摹刻、乾隆皇帝临摹。雍正皇帝鉴于康熙年间众皇子争储的教训，创立秘密建储制度，即由皇帝将嗣位皇子的姓名“亲书手封”一式二份，一份贮于匣，放在乾清宫最高处“正大光明”匾后，另一份随身携带，皇帝驾崩时由王公大臣“公同手启”，将二者核对无误后宣立新君。乾隆、嘉庆、道光三朝均遵循了这一建储制度。御座两侧楹柱挂“表正万邦慎厥身修思永，弘敷五典无轻民事惟难”。“表正万邦”见于《尚书·仲虺之诰》，“慎厥身修思永”语出《尚书·皋陶谟》，意即化育万国四方，必先修身正己；“弘敷五典”出自《尚书·君牙》，“无轻民事惟难”源于《尚书·太甲》，意即弘扬伦理纲常，当重百业民生。

每逢皇帝驾崩时，按照礼制应在乾清宫停灵，此即“寿终正寝”。一般灵前设各种香案、供桌，取最大阳数九的三倍治丧27天，以应守孝三年的古制，在此期间，新皇帝免冠素服、散辫截发、斋戒守孝。明代皇帝大多在此龙驭上宾，嘉靖年间世宗长居西苑不朝，嘉靖四十五年（1566 年）病重，自知不起，亦还驾乾清宫，在此咽气。

每年元旦、元宵、端午、中秋、重阳、冬至、除夕、万寿等节日，在乾清宫举行内朝礼，后妃、宗室王公、内侍等向皇帝恭贺节庆，皇帝赐宴。乾清宫在清代雍正以后还曾作为王公大臣们演习礼仪的场所。

明代万历元年（1573 年），总兵戚继光手下一名士兵因违犯军规被杖责开除，怀恨在心，竟化装成太监混入紫禁城，欲持匕首行刺神宗，以图牵连戚继光，至乾清宫前方被侍卫捉住。

万历年间，郑贵妃想让神宗立自己所生的皇三子为储，与皇长子有隙，神宗在群臣坚请之下立皇长子为太子，不久后在太子居住的慈庆宫发生“梃击案”，传言是郑贵妃指使，后在神宗与太子亲自干预下不了了之。万历四十八年（1620 年），神宗去世，太子朱常洛继位，是为光宗。郑贵妃担心光宗重新追究“梃击案”，为弥合嫌隙，并企图进而邀封太后，她精心挑选了八名美女送给光宗，光宗竟乐得偎红倚翠、旦旦伐之，不久即卧病乾清宫，郑贵妃令内医崔文升诊治，错用大黄泻药，致使病情反而加剧；鸿胪寺丞李可灼又进呈用红铅调和参茸制成的红丸两粒，光宗服用后一度精神好转，还传令赏赐，不料旋即病情恶化，竟致暴毙，在位仅 29 天即转入轮回，是明清两朝最短命的皇帝，史称“红丸案”。如此荒淫昏君，真是枉费群臣当初拼死保其储位。

皇后妃嫔入乾清宫侍寝，“虽以次进御，不得恒居”。因此明光宗去世后，李选侍占据乾清宫，才会引起轩然大波，酿成“移宫案”。明光宗长子朱由校的生母早亡，他由李选侍抚养长大。光宗病危时，李选侍在乾清宫侍疾，欲以抚养皇子之功邀封皇后，因群臣反对未果，她在光宗死后占据乾清宫并挟制皇长子，杨涟等大臣在太监王安帮助下拥皇长子别居慈庆宫，双方相持数日，首辅方从

昭仁殿

哲依违两可，一时剑拔弩张，宫廷内外人心惶惶。最终皇长子明确表态支持群臣，李选侍不得不先迁仁寿殿、后移哕鸾宫，皇长子还居乾清宫并继位，是为熹宗。史称“移宫案”。

明代梃击、红丸、移宫三大案发生后，皇帝久不上朝，太监、奸臣专权，群臣疑虑重重，廷议汹汹，多风闻奏事，深文周纳，致朝政日坏，大厦将倾。内忧既起，外患复至，农民起义摧枯拉朽，清代铁骑打着吊民伐罪的旗号入主中原，得享渔人之利。

乾清宫东侧小院主殿为昭仁殿，面阔三间。明代崇祯末年思宗殉国前在此刺死年仅六岁的昭仁公主。清代初年沿袭明代旧制，以乾清宫为皇帝的正寝，但康熙皇帝实际居住在昭仁殿，前后长达 53 年，有御制诗赞此地“雕梁双凤舞，画栋六龙飞。崇高惟在德，壮丽岂为威”。乾隆皇帝将其改为存放宋元版古书的书房，题名“天禄琳琅”，并经常在此阅览古籍，一方面可追思圣祖康熙，另一方面在这里能听见皇子们在上书房读书的声音。嘉庆二年（1797 年）此殿火灾，“天禄琳琅”丛书毁于一旦，皇帝下令重新搜集，规模与前不相上下。

乾清宫西侧小院主殿为弘德殿，面阔三间。明代万历年间，神宗 20 余年不上朝，临终前在弘德殿召见王公大臣入受顾命。清代此殿成为皇帝进膳、读书的地方，每年大年初一皇帝照例到此进食素馅饺子，其中一个饺子里包着一枚银钱，称“吉祥饺”。皇帝常与近臣在此讲经论道。同治皇帝年幼时在这里读书听讲。

端凝殿

乾清宫院内东侧有端凝殿，取“端冕凝旒”之意，为储存清历代皇帝御用冠服带履朝珠之地。其南有自鸣钟处，为收存西洋钟表之地，南北庑房内还曾收藏400余件瓷胎画珐琅。

院内西侧有懋勤殿，取“懋学勤政”之意，平时收藏图书翰墨文具，曾收藏有2万多支笔。每年秋季朝廷照例审核当年的重大犯罪案件（秋谳），先召开九卿会议（明代以六部尚书、都察院都御史、大理寺卿、通政司使为九卿，清代九卿则不含六部尚书，改为太常寺卿、光禄寺卿、鸿胪寺卿、太仆寺卿、国子监祭酒、宗人府府丞等）讨论，然后将犯人名单（黄册）和复核材料（覆奏本）上呈，皇帝着素服御懋勤殿亲自裁决，由内阁大学士承旨用朱笔“勾决”死刑犯。每年十月朔日皇帝在此殿御览时宪书。康熙皇帝常在此读书，并曾在这里亲自讲授《易经》。道光年间将御制《九九消寒图》（又名“管城春满”）悬挂在此殿，图上双钩廓书“亭前垂柳珍重待春风”九字，每字均为九笔，从冬至次日开始，每日填写一笔，九九八十一天填写完毕，就冬去春来了，后来此例沿袭成为宫中习俗。戊戌变法时，光绪皇帝曾下诏将懋勤殿作为办事场所。宣统年间又将其作为图书室。

清乾隆描金漆管鬃毫抓笔

月华门南庑房为内奏事处，这里的太监在皇帝与大臣之间起着上传下达的重要作用，具有十分特殊的地位。

乾清宫院内东南角有上书房，从

乾清宫

雍正年间开始，皇子年满六岁即入上书房读书，近支宗室子弟可伴读，每天早晨七八点开始上课，下午三四点才放学。背书、练字之余也会安排射箭等作为休息。皇帝亲自从翰林院挑选学士任教授课，督导皇子学习五经、史记、汉书、策问、诗赋及骑射等。师生之间，既有乾隆年间皇子颙琰（即后来的嘉庆皇帝）与师傅朱珪之间那样的教学相得、情深义重（朱珪生前对颙琰以道义相规，去世后，嘉庆皇帝亲赴其宅哭悼祭奠），也有道光年间皇子奕纬与其师之间的势若冰炭、水火不容。奕纬曾恐吓其师："我将来当皇帝后第一个就杀掉你！"师傅惶恐之余向道光皇帝告状，皇帝盛怒之下一脚踢在奕纬胸部，年少的奕纬竟伤重不治而亡（一说奕纬为患病去世）。

相传道光皇帝原本钟爱文武双全的皇六子奕䜣，但皇四子奕詝在老师杜受田的指导下扬长避短，在皇帝生病时以涕泣显示自己的孝顺之情，在外出狩猎时

南书房木匾

以戒杀显示自己的仁爱之心，最终博取道光皇帝欢心，被立为皇储，即后来的咸丰皇帝。

由于上书房邻近乾清宫，乾隆、嘉庆、道光三朝皇帝驾崩后在乾清宫停灵时，继位新君均以上书房为守孝的“倚庐”（苫次之所）。

乾清宫院内西南角为南书房，是皇帝读书、召见近臣之地。康熙初年，少年天子就是在此率领布库伙伴擒拿权臣鳌拜。康熙皇帝幼年继位（冲龄践祚）后，辅政大臣之一的鳌拜擅权专政，以臣凌君。康熙皇帝在太皇太后（即孝庄文皇后）支持下，不动声色，挑选 10 余名少年经常在宫内演练布库之戏（摔跤）。鳌拜以为是皇帝年少贪玩，不以为意，且书房环境也令其放松警惕，最终在入内奏事时被布库少年擒拿，由此开始了一代明君的亲政。

南书房后来成为皇帝最亲信的翰林学士入值备顾问的地方。康熙、雍正、乾隆三朝，张廷玉一家祖孙三代六人先后入值南书房，可谓宠冠一时。乾隆年间，于敏中入值南书房，一次闲聊时称乾隆皇帝为老头子，却不料被恰好从门外进来的皇帝听到，责问其为何不敬，于敏中急中生智解释说：“皇帝万寿无疆，是谓老；为万民之元首，是谓头；乃以天地为父母的天子，是谓子，故‘老头子’为尊称。”乾隆皇帝闻言转怒为喜，十分赞赏其机敏。民间则将这一传说归于编纂《四库全书》的纪昀（晓岚）。

雍正年间设立军机处，皇帝每天至少在养心殿召见一次军机大臣，届时军机章京就在南书房等候。

南书房以东为敬事房，是内务府中专门管理宫内太监日常事务的机构。明代宫内有太监衙门十二监、四司、八局，统称二十四衙门，管事太监按品级分为太监、少监、监丞等职级，其中掌印太监为正四品，后来以太监作为各级太监的通行尊称。清代太监最高衙门内务府则由皇帝任命满族王公大臣出任总管，下设 10 个司、院，敬事房专门负责太监的管理、分派、补充和淘汰。紫禁城西部由北往南纵贯宫城的内金水河与外宫墙之间的西河沿一带，在明代就是普通太监集中居住的地方，清代太监则散居于各宫门内外的小屋。

为戒“男女之大防”，我国从先秦时代起就用被阉割（净身、

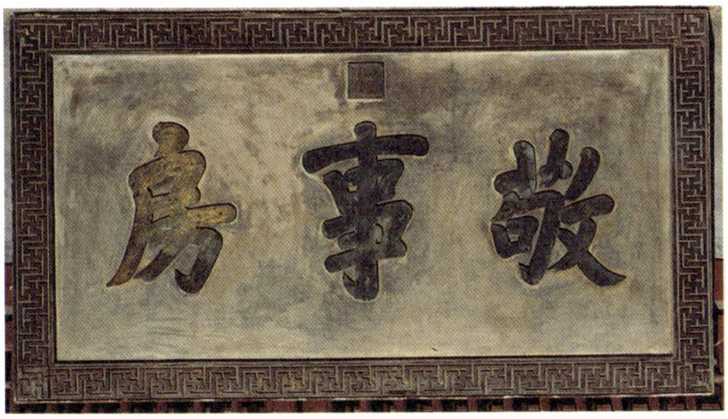

敬事房匾额

寿康宫西侧殿后净室

去势）的男性充任后宫侍役，称为太监（亦称宦官、寺人、中官、阉人等）。他们普遍出身贫寒、文化低下，不得不通过谄附帝后来安身立命、谋取私利，而封建帝王在猜忌文武百官的忠诚、担心他们窥窃神器时，也往往宠信表面无欲无靠的宦官，岂知一些太监因身体受创而心理变态，行事更为阴狠刻毒，我国秦代、东汉、唐代都曾发生过太监专权、祸国殃民的惨烈悲剧。虽然历史上也曾有东汉蔡伦发明造纸术、明代郑和扬国威于万里等有为事例，但是作为一个整体，太监在历史上的作用和形象无疑是负面的。

太监的来源，一是穷苦人家子弟为生活所迫净身入宫，二是罪犯之子或战争中的幼俘被强迫去势。由于明代重用太监，一些失地或破产的无业游民纷纷将其视为追求荣华富贵的捷径，明代永乐以后历朝屡屡有人自行阉割，以求入宫为太监，朝廷不得不多次明令禁绝。成化十一年（1475 年）冬，有四五百名

晚清宫内部分太监合影

自阉之人聚集在皇宫门外要求当太监，宪宗下令锦衣卫将其每人杖责五十。弘治三年（1490 年）又有 600 多名自宫者求为太监，孝宗下令将其发配南海子，并重申“今后敢有私自净身者，本身并下手人处斩，全家发边远充军，两邻及歇家不举首者同罪，里老容隐者亦治罪不宥”。明代天顺年间，太监阮让任湖广贵州的镇守中官，在镇压了当地的苗民暴动后，将俘获的 1565 名苗族幼童全部阉割，拟送入宫中为太监，中途病死 329 人，阮让竟又连买带抢如数幼童充抵，英宗闻之严旨切责。从清代康熙皇帝谕旨中可知，明代末年宫内太监竟有 10 万之众，以至“饭食不能遍及，日有饿死者”。也难怪咸丰年间还有一个小贩竟连续两年混进宫里卖馒头给太监宫女，后被举发处死。

太监虽经阉割，但仍存有性心理，个别可能还残留性能力。明代宫中流行太监与宫女结对生活，以相互安慰、照顾，称“对食”或“菜户”。明代初年禁止“对食”，雄才大略却又暴戾残忍的明成祖朱棣曾因嫉恨宫女与太监“对食”并进而怀疑有谋反阴谋，以朝鲜族权贤妃之死为导火线，轻信诬告，刑讯逼供，前后株连处死宫女、太监近 3000 人，朱棣“皆亲临剐之”，酿成明清两代皇宫内最骇人听闻的惨案,史称“鱼吕之乱”。后来“对食”逐渐被皇帝默许,甚至“既而妃嫔以下，亦颇有之，虽天子亦不之禁”，还有太监在外娶妻纳妾收养子女的。明代万历年间，在宫中抓获一名女扮男装之人，原来是一名被太监包养的妓女，因太监拖欠“夜合之资”，故化妆混入宫中索要，一时传为奇谈，并惊动了皇帝。

在乾清宫庭院西面，与其一街之隔的，是相对独立的养心殿建筑群。正殿名称取自《孟子·尽心下》中的“养心莫善于寡欲”。在明代，殿门南边有无梁殿，是嘉靖皇帝炼丹之地。清初顺治皇帝病逝于养心殿，康熙年间这里是造办处。康熙皇帝驾崩后，继位的雍正皇帝居此守孝，后来正式以此殿为寝宫，作为处理日常政务之地，“凡办理庶政，召对引见，一如乾清宫”，养心殿从此取代了乾清宫的地位。

这组建筑布局严谨，有影壁、门楼、雕屏，建筑主次分明、正偏俱全。主

养心殿皇后寝室

养心殿正殿

养心殿东暖阁垂帘听政处

养心殿正间东墙陈设

体建筑为前后两殿，以穿廊相连呈“工”字形，殿前石陛雕刻精绝，材质在皇宫内的汉白玉中号称第一。前殿单檐歇山顶，分为中央明间、东暖阁、西暖阁。明间是清代雍正以后处理日常政务的正殿，皇帝每日夙兴，先阅列朝实录、宝训一册，辰刻进膳，太监将当日求见大臣的名牌（膳牌）呈上，皇帝同意召见谁，就翻谁的名牌，用膳后召见，或披览内外臣工奏折，“日以为常”。养心殿在清代晚期还是帝后中秋赏月之地。东暖阁在雍正以后是每年正月初一子时举行“明窗开笔”仪式的地方，届时金瓯注屠苏，银台燃玉烛，皇帝至明窗前，用“万年青”笔亲书若干吉祥词语以祈政通人和，然后翻阅时宪书以寓授时省岁之义。后来同治、光绪、宣统三朝均为幼主继位，此地成为太后“垂帘听政”的场所，垂帘听政所用隔帘，翁同龢所见为“用纱屏八扇，黄色”，曾国藩所见为“黄幔”，应即现存黄色卷帘。养心殿西暖阁分为三部分：东间为过道；中间为雍正皇帝

三希堂

召见军机大臣的机要场所，室外沿抱厦立柱建起一排木墙以防闲杂人等靠近窃听，室内雍正皇帝仿效唐太宗书刺史姓名于屏、明成祖书朝廷内外官员姓名于武英殿南廊的先例，将各省督抚将军的姓名书写在中间西墙上，便于随时稽考查核；西间为著名的“三希堂”，乾隆皇帝在此收存、御览王羲之《快雪时晴帖》

养心殿前的日晷

（实为唐人摹本）、王献之《中秋帖》（实为米芾临本）、王珣《伯远帖》三件书法作品，以其“皆希世之珍也”，又取宋代周敦颐“士希贤，贤希圣，圣希天”之意，命名为“三希堂”。

养心殿后殿是皇帝的寝宫，以金丝楠木花罩隔为五间，中间三间均为起居娱乐之地，正间有坐炕，东次间有宝座、紫檀条案，西次间陈设的大龙柜雕刻精美繁缛，为宫中木雕家具之冠，东西梢间即为皇帝寝宫，各有一张龙床，上铺红黄毡毯，帷帐挂满荷包、香囊。同时有两间寝室，可能是出于安全考虑，一说东梢间“又日新”为皇后侍寝专用。后殿东西两侧的体顺堂和燕喜堂分别为皇后和皇贵妃侍寝前后的临时居所，院落东西围房被分隔为小间，是其他妃嫔侍寝前后的临时居所。清代皇帝不能在后、妃宫内过夜，皇帝想“临幸”哪

体顺堂

位后、妃，就在晚膳时翻她的名牌，被选中的后、妃当夜进入皇帝的寝宫侍寝，但一般只能在那里待两个时辰，然后在窗外太监的催促下独自到皇帝寝宫附近的临时居所就寝。传说雍正皇帝系临幸妃嫔时被蒙混入宫的仇家之女吕四娘刺杀割首，此后凡妃嫔侍寝，均须脱去衣裳，仅罩长袍，由太监背入，再除去外罩，裸体入御。

雍正皇帝上承康熙、下启乾隆，是成就“康乾盛世”的重要一环，但历史上对其个人评价比较负面，有“雍正夺位”之说。康熙年间两立两废太子，众皇子纷纷结党营私、觊觎大宝，皇八子先声夺人，皇十四子开花无果，唯皇四子胤禛后来居上，民间传说其在康熙近臣帮助下篡改或伪造遗诏夺取皇位，即雍正皇帝。他为政勤勉，严惩贪腐，创秘密建储制度，设立军机处，架空朝廷、内阁，乾纲独断，改“圣人不以一己治天下”的古训为“惟以一人治天下”的座右铭，使封建专制统治发展到了极点。其为人气量狭小，刻薄寡恩，行事乖于常理，喜怒无定，深为当时和后世之人诟病。

有人认为康熙皇帝是为了让自己最钟爱的皇孙弘历（即乾隆皇帝）继位，才传位于弘历之父胤禛。这种情况在历史上不乏其例，远者如周太王喜爱少子季历之子姬昌（即周文王），希望将来能传位于他，于是长子太伯、次子虞仲均远避吴越，以便让季历继位。近者如明成祖本欲立次子朱高煦为太子，但因喜爱长子之子朱瞻基，最后仍立自己不满意的皇长子为太子。

清代先后有三位皇帝在养心殿龙驭上宾。顺治皇帝因患天花病逝于此，但民间传说其因爱妃董鄂氏病逝而万念俱灰，放弃皇位出家五台山为僧了。乾隆皇帝归政授玺做太上皇之后，并未退居宁寿宫，仍在养心殿以“训政”名义主持朝政，89 岁时在此寿终正寝，为其福寿俱全、风雅多彩的人生乐章写下了圆满的休止符。同治皇帝亲政后不久也在养心殿病逝，档案记载是死于天花，但民间传说其因经常微服出宫寻花问柳而死于梅毒，一些欧美驻华外交官则怀疑

清人《雍正帝读书像》轴

“这次同治皇帝之死是真正在幕后执政的那些人所策划的，他们期望以此能推阻洋人修约的计划”。

道光元年（1821 年）正月初二，“朕坐养心殿，有星自西北至东南流于殿树，光芒四射”。在太平天国极盛、清廷岌岌可危之时，曾国藩受命全权统辖苏、浙、皖、赣四省会剿，扑灭太平天国后，曾国藩入京觐见，三日之内帝后在养心殿召对三次，出宫时“千官瞩目”，争瞻风采。

1912 年 2 月 12 日，在全国各地风起云涌的共和革命浪潮中，隆裕太后在养心殿东暖阁代表年仅六岁的宣统皇帝颁布懿旨，顺应历史潮流，宣布清帝逊位，正式结束了中国延续数千年的封建制度，也为养心殿的政治功能画上了句号。

从乾清宫以北的交泰殿起，开始进入后宫的腹地，即班固《西都赋》所谓“掖庭椒房后妃之室”。

紫禁城初建时并无交泰殿，明代嘉靖年间在乾清宫和坤宁宫之间增建交泰殿，始形成后三宫格局，殿名取自《周易·泰卦》：“象曰：天地交，泰。”建筑平面为正方形，渗金圆顶，殿内正中设宝座，宝座上方悬乾隆年间临摹的康熙

交泰殿内景

御笔“无为”牌匾，语出《论语·卫灵公》：“无为而治者，其舜也欤！”殿内东侧陈设一尊乾隆年间制造的我国古代计时器——铜壶滴漏，西侧陈设一座嘉庆年间制造的仿西洋大自鸣钟。明代嘉靖年间，世宗根据《周礼·天官·内宰》中“仲春，诏后率内外命妇，始祭蚕于北郊”的记载，下令恢复“皇后亲蚕”的古礼，此后明清两朝每年春季由皇后在交泰殿主持先蚕礼和躬桑礼。清代每逢元旦、千秋（皇后生日）等节日，皇后在此接受妃嫔、福晋和皇子、公主拜贺。

交泰殿宝座两侧收贮了乾隆皇帝钦定的25方宝玺。每年正月择吉日举行开宝仪式，标志一年政务的开始，届时宫殿监率交泰殿首领太监在殿中设案供香烛果酒，行三跪九叩礼，开封玺匣，呈宝于案，奏请皇帝拈香行礼，然后将宝玺放回匣中备用。每年岁末再举行大致相同的封宝仪式，标志一年政务的结束。清初宫内宝玺本有39方，其中包括一方伪造的秦始皇传国玺。传国玺，一说以和氏璧磨，一说以蓝田玉刻，玺文亦有“受命于天，既寿永昌”和“受天之命，皇帝寿昌”两说，史载其由秦入汉，历三国两晋南北朝战乱后下落不明，此后在历史上时隐时现，但据考证多为伪作，清宫所藏即其一。乾隆皇帝对清宫收

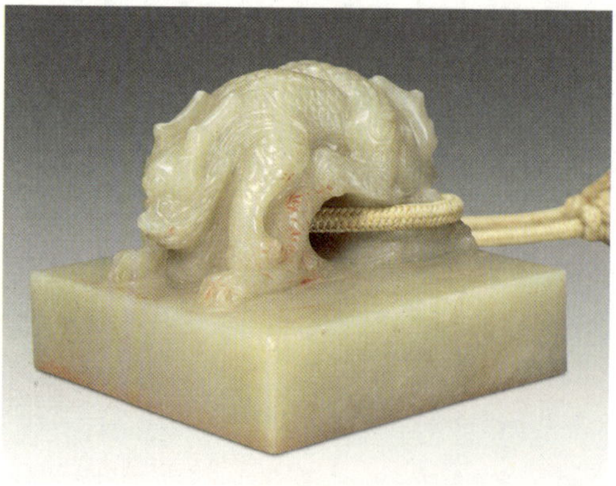

白玉交龙纽“天子之宝”宝玺

藏的宝玺亲自汰选，取大衍天数二十有五之义，钦定25宝，命贮交泰殿。每方宝玺各有专司,如“天子之宝”以祀百神,“制诰之宝”以谕臣僚,“制驭六师之宝”以整戎行，“敕正万邦之宝”以诰外国。除“大清嗣天子宝”为金质、“皇帝之宝”为旃檀香木外，其余均为玉质。宝玺俱雕龙纽，其中4方印文为篆体满文，其余21方均为篆体满文与篆体汉文合璧。定宝数之时，乾隆帝鉴于“自古以来未有一家恒享昊命而不变者”，曾“密用姬周故事，默祷上苍”保佑大清国能传位25代。此外,乾隆皇帝还制有“古稀天子之宝”“五福五代堂古稀天子宝”“八徵耄念之宝”“十全老人之宝”等玉玺，他考鉴“夫汉唐以来，古稀天子才得六，六之中，至八旬者，才得三……亦不能如今五世同堂之盛”，且文治武功“自古所未有”，因此颇为自得意满。

顺治十二年（1655年）在交泰殿立铁牌，严禁太监“犯法干政、窃权纳贿、嘱托内外衙门、交结满汉官员、越分擅奏外事、上言官吏贤否”，违者凌迟处死。明代初年，太祖朱元璋也曾在宫内设立禁止太监干预朝政的令牌，但在“靖难之役”中大批失意太监曾作燕王内应，因此朱棣继位后开始信用太监，或钦差出使,或镇守一方,或出征监军,宣德年间又授予司礼监秉笔太监部分“批红”权，得以与握有“票拟”之权的内阁分庭抗礼。太监中虽也有踏浪千顷、扬威万里的郑和，但大多数心理阴暗，不明大义，只知谄附皇帝，谋取私利，到明代中后期，先后出现了正统年间的王振、成化年间的汪直、正德年间的刘瑾、天启年间的魏忠贤等权势熏天的大太监，屡屡狐假虎威，祸国殃民。其中，魏忠贤无疑是最有名的，他外表豪爽而内心狡诈，目不识丁却巧言令色，因逃避赌债而入宫为太监（一说因患病下体糜烂，遂自阉入宫），又勾结熹宗乳母客氏得邀圣宠，遂大肆结党营私。熹宗爱好并擅长木工，为此“膳饮可忘，寒暑罔觉”，曾亲自在庭院中设计建造了一座四尺多高、玲珑剔透的小宫殿。魏忠贤等太监就常常趁其“斫削得意之时”呈上公文奏请批复，忙于引绳运斤的熹宗往往令其代行批红。明代规定，凡是廷臣奏本，必须由皇帝御笔亲批；如果是例行文书，可由司礼监代批，但也必须写上遵阁票或奉旨更改字样，因用朱笔批复，故称批红。熹宗的不务正业，使魏忠贤得以“口含天宪”，代宣圣旨。他上蒙熹宗宠信，下得客氏相助，内握批红之权，外掌厂卫缇骑，遂得独柄朝政，遍植党羽，屡兴大狱，排斥异己。崔呈秀等朝廷内外的无耻之徒争相谄附，与其同流合污，沆瀣一气，有“五虎”“五彪”“十狗”“十孩儿”“四十孙”等名目，他们为虎作伥，为表忠心，竟在全国各地拆毁书院、民宅，先后为魏忠贤建立了近百座生祠，党徒悉称其为“九千岁”，还有人上疏建议在国子监将魏忠贤与孔子并列同祀，当时可谓势焰熏天、登峰造极。岂料熹宗去世后，无子嗣，皇弟朱由检继位，是为思宗，素恨魏忠贤专权误国，部分善于投机的阉党也反戈一击，于是新皇帝迅即将魏忠贤谪守凤阳祖陵并欲进一步追究罪责，魏忠贤在途中得到消息后畏罪自缢，但仍被枭首磔尸，党羽200余人受罚不等。为避免重蹈明代太监干政的覆辙，清代大量减少太监数量，打压太监地位，规定太监官职不得超过四品，使得清代没有出现太监为祸朝政的恶例，直至清代末年慈禧专权时，太监李莲英以擅梳时髦发型而受宠信，竟获“赐二品顶戴”，并有干预朝政之举。但总的来说，清代太监地位相对明代较卑下，慈禧宠信的总管太监安德海借采办同治皇帝大婚龙衣赴江南，沿途招摇勒索，被山东巡抚丁宝桢以违背祖制、擅自出京的罪名捕杀。

坤宁宫本是皇后的正宫，取《周易·说卦》“坤，地也”和老子《道德经》“地得一以宁”之意。坤宁宫位于妃嫔居住的东西六宫的中央，体现出皇后“正位中宫”“摄六宫事”的尊严和地位。据《礼记·昏义》载，古代天子后宫有三夫人、九嫔、二十七世妇、八十一御妻，共120名配偶。明代后宫一般分为皇后、皇贵妃、贵妃、妃、嫔、才人、婕妤、昭仪、美人、昭容、选侍、淑女共12级，每级人数不等。据说明代后妃在皇帝面前都自称女儿。清代后宫明确分为皇后、皇贵妃、贵妃、妃、嫔、贵人、常在、答应共 8 级，规定皇后居中宫“主内治”，其下有皇贵妃一人、贵妃二人、妃四人、嫔六人，分居东西十二宫“佐内治”，其余还有数目不定的贵人、常在、答应等“随居十二宫”。这就是民间俗称的皇帝有“三宫六院七十二妃”。其实明清两朝皇帝的配偶数目大都未满员，其中开创了“弘治中兴”局面的明孝宗朱祐樘在位 18 年，只有一位正宫娘娘，别无其他妃嫔。

明代的坤宁宫，中间可能没有固定陈设，每逢重要的朝会节庆，才临时增设皇后宝座等，妃嫔和三品以上命妇到此朝见皇后，行四拜礼，皇后在宫中赐宴。皇后的寝室和起居室设在坤宁宫两楹。嘉靖二十一年（1542 年）“壬寅宫变”后，方皇后借机株连杀掉世宗宠爱的曹端妃，遭到世宗疏远和忌恨。嘉靖二十八年（1549 年）坤宁宫发生火灾，世宗竟坐视不救，冷眼看着方皇后被烧伤致死。天启年间，魏忠贤专权，张皇后屡劝熹宗亲贤远佞。一日熹宗至坤宁宫，

坤宁宫外景

见皇后据案读书，便问："卿读何书？"张皇后正色回答："是《史记》中的'赵高传'。"熹宗不以为意，魏忠贤得知后却大为恐惧，遂勾结熹宗乳母客氏趁张皇后怀孕时致其流产，并欲唆使熹宗废后。崇祯末年，紫禁城失守时，周皇后遵照思宗意愿自缢于寝宫。

坤宁宫现有基本格局是在清代顺治、康熙年间确立的。不在中间而在东次间开门，使宫殿西部形成便于保暖的"口袋房"，作为萨满教祭神的场所，这是满族习俗在紫禁城建筑中的反映。东部两间暖阁作为皇帝大婚时的洞房，但只住三天，此后皇帝移住养心殿，而皇后则在东、西六宫另选居处。洞房门前吊一盏双喜宫灯，入口处有大红双喜影壁，寓"开门见喜"，洞房门为沥粉贴金双喜门，洞房四壁俱为银朱桐油髹饰，北壁有两座落地罩木炕床，其中西边一座即为龙凤喜床，上方悬"日升月恒"匾，取自《诗经·小雅·天保》"如月之恒，如日之升"。喜床上挂着大红缎绣龙凤双喜帐幔，床正中放着盛有红宝石、金银如意、金银八宝、金银锞、金银钱、金银米及珍珠的宝瓶，喜床四角各有一柄如意。洞房南面窗前为通联大炕，上有紫檀木龙凤炕几和大红双喜坐褥。整个洞房一片红色，喜气洋洋，富贵逼人。民国时逊帝溥仪在此结婚，感觉"好像一摊融化了的红蜡烛"。

清代皇帝的大婚，由钦天监择吉日，提前由礼部尚书和内务府总管担任正副使，至皇后家行纳彩礼，大婚前一天行纳徵礼，并遣官祇告天地太庙。吉日黎明，洒道清尘，在太和殿外设法驾卤簿，太和门阶下设龙亭，王公百官着朝服排班站位，皇帝出后宫御太和殿，奏中和韶乐，升座乐止鸣鞭，行三跪九叩礼，由大学士奉册、礼部尚书奉宝，分任正副使，率队从太和门经午门出大清门去皇后娘家迎亲，皇帝御赐一柄龙形如意放在凤舆中"压轿"。午门外奏吹鼓乐，赐王公百官坐饮茶，鸣鞭，奏中和韶乐，皇帝起驾回后宫。皇后父亲在家门外跪迎御史，皇后着礼服在厅堂跪受册宝，行六肃三跪三拜礼，然后换上缀满珍珠宝石的凤冠和绣有云龙双凤的吉服，一手执如意、一手执苹果（寓平安如意），蒙上盖头，在女官搀扶下登上饰满金凤的明黄色凤舆随仪驾回宫，从午门中门入宫，换乘八人抬孔雀顶礼舆至乾清门降舆，跨过预设的火盆（萨满教驱邪习俗），步行到坤宁宫，跨过门槛上放置的马鞍（鞍下放苹果，寓平平安安）进入喜气洋洋的洞房。然后重新打扮，将头发梳成已婚妇女的“两把头”式样，并换上皇后的朝服（凤冠霞帔）。这时皇帝才身着大婚龙袍入内，在司仪导引下，揭开皇后的盖头，男左女右对坐于龙凤喜床上，吃子孙饽饽，行合卺礼，饮交杯酒，食长寿面。午时，皇帝在太和殿赐宴皇后父亲、男性亲属和王公百官，皇太后在后宫赐宴皇后母亲、女性亲属及公主、福晋、命妇。第二天皇帝与皇后朝见皇太后，三天后皇帝率群臣，皇后率公主、福晋、命妇至皇太后宫行礼，然后皇帝御太和殿，王公百官上表行庆贺礼，皇后至皇帝座前行礼，再回后宫接受公主、福晋、命妇行庆贺礼。至此大婚礼成，颁诏布告天下。

清代康熙、同治、光绪三位皇帝均曾以坤宁宫作为大婚洞房，民国时“暂

清人《胪欢荟景图》册（选一）

居宫禁”的逊帝溥仪也在此结婚。

坤宁宫左右两侧为东西六宫。东西六宫占地3万多平方米，内部以纵横街巷分隔，每宫面积大致相当，约2500平方米，平面均呈正方形，各以高墙封闭，自成一体，有宫门出入。各宫建筑格局基本一致，均为宫门、照壁、前殿、后寝，东西各有配殿。前殿多为歇山顶、面阔五间（景阳宫与咸福宫例外），明间设宝座、屏风，为本宫后妃升座受礼的地方，海墁天花，梁柱彩绘，板壁银朱油饰，殿前有露台。后殿为寝宫，硬山顶，面阔五间，室内有落地罩、木炕、碧纱橱等，

明点翠嵌珠石金龙凤冠

室内隔扇常绘“龙凤呈祥”（龙、凤）、“吉庆如意”（玉磬、如意）、“五福捧寿”（蝙蝠、寿桃）等图案。只有西六宫中的储秀宫和长春宫在清代晚期拆掉了宫门，在原址分别另建体元殿、体和殿，建筑格局和内部陈设均发生变化。因东西六宫为后妃所居、冀求子孙繁衍之地，故有“螽斯门”“麟趾门”“百子门”“千婴门”等名称。

明太祖朱元璋为防止外戚势力威胁朱明天下，于洪武末年定下皇帝与诸王均从民间淑女中挑选后妃的制度，但并未规定遴选周期。届时各地官员承旨选送适龄女子入京，每百人为一批候选，由太监和宫媪分别从身材、五官、声音、仪态、性情等方面对候选女子进行筛选，最后入宫者均属百里挑一（例如：天启元年选淑女，从 5000 名 13 至 16 岁候选少女中选中 50 人），但在主张“存天理、灭人欲”的程朱理学大行于世、强调“万恶淫为首”的时代，选淑女当然以“淑德”为要，容貌并非选拔的主要标准，以致明末李自成进入皇宫后曾失望地问投降的太监：“上苑三千，为何无一国色？”

清　庆宽《载湉大婚典礼图》册（选一）

清宫后妃的挑选，从满族入关前起，就在很大程度上受到政治因素的影响。例如清代皇室一直将与蒙古联姻视为重要国策，尤其是在立国之初，仅努尔哈赤、皇太极、福临三代就有蒙古族后妃 14 人，皇室公主下嫁蒙古贵族的更多达 31 人。据统计，终清一朝，清代皇族与蒙古贵族之间通婚多达 500 余人次。后宫不少殿堂的匾额是用满、蒙、汉三种文字书写，与别处仅用满、汉文不同，这就是清代满蒙长期联姻的反映。同样由于政治原因，清代明令“汉女不入宫”（不包括汉八旗），并严格限制满汉之间通婚（事实上清宫后妃中也有个别江南汉族女子）。

顺治年间确立了独具特色的选秀女制度：凡 13 岁至 17 岁的满、蒙、汉八旗女子，都要参加每三年一次的选秀女。届时先由户部行文八旗各都统衙门、直隶各省驻防八旗及外任旗员，将适龄备选女子呈报备案。再由户部奏准入选日期，然后通知各旗，具备清册，用骡车送候选秀女集中。引看之日，秀女们都在神武门下车，按顺序排列，由太监引至选看地点，如延晖阁、坤宁宫、静

宫内御河鸳鸯

怡轩、体元殿等。候选秀女每人一牌，上写父名官职、所属旗籍、年龄。初选通过的记名留牌，未通过的撂牌，再从记名留牌的人中进行复选。选拔秀女的主要标准被明确为“品德”和“门第”。由于八旗适龄秀女是妃嫔乃至皇后的候选人，拥有巨大的“升值”潜能，因此她们在家里地位很高，可以不向父母及他人行跪拜礼，并被尊称为“姑奶奶”。

一入宫门深似海，骨肉生离如死别。明代《天启宫词》记载每逢朝廷下令选淑女，民间纷纷连夜嫁女娶媳以逃避，甚至忙乱中发生“错配”现象。清代官宦人家也往往设法逃避选秀女，并有入选者全家恸哭、落选者亲友道贺的事例。为此清代规定，未参加选秀女的八旗适龄女子不得私相聘娶。乾隆年间，闽浙总督之子欲娶两广总督之女，特地上书皇帝请求批准，但因该女未曾参选过秀女，乾隆皇帝不仅拒绝批准此桩婚姻，而且降旨严加申斥。咸丰年间，坤宁宫门前还发生过一次候选秀女抗上事件。当时正值太平天国兴起，备选秀女在坤宁宫门外等候皇帝亲自选看，她们疲惫不堪，又累又怕，不禁“相向饮泣”，却遭到太监的威迫、呵斥，有一名秀女愤然抗言：我们应选秀女本属无奈，一旦入选无异终身囚禁；目前天下已失其半，天子竟然还置宗社于不顾而求一己之欢，实在有失为君之道；我们连死都不怕，难道还怕鞭打吗？这番话恰好被咸丰皇帝听到，惊为“奇女子”，后亲自将其指婚给一位王公。

每宫根据等级分配不同数额的宫女服侍。明代宫中还有宫女衙门六尚（尚宫局、尚仪局、尚服局、尚食局、尚寝局、尚功局），按品级分为宫官、女史、女秀才等职级，最高可至六品掌印。天顺年间因宫中急需女官，曾命浙江、江西、福建选送数十名 15 岁以上、40 岁以下“能读书写字并谙晓算法”的未婚或丧夫妇女入宫候选。据康熙皇帝说，明末紫禁城中宫女有 9000 人，《天启宫词》“六宫深锁万娇娆”亦可证。清代宫女多从内务府包衣（皇室家奴）三旗年满 13 岁的女孩中每年挑选一次。

明代还有妃嫔宫女为死去的皇帝“殉节从葬”的陋习，太祖朱元璋和成祖朱棣去世后，为其殉葬的妃嫔宫女分别有40余人和30余人，以后历代人殉数量略有减少，直到天顺八年（1464年），英宗朱祁镇临终前才下诏废除生殉制度。

乾隆年间，皇帝命宫廷画师仿晋《女史箴图》，将古代12位贤德后妃的故事画成12幅《宫训图》，并亲自为每幅图撰写赞语。平时收藏在景阳宫的学诗堂，每年十二月至次年二月分别张挂在东西六宫，其中钟粹宫悬《许后奉案图》（许后为汉宣帝皇后），承乾宫挂《徐妃直谏图》（徐妃为唐太宗之妃），景仁宫悬《燕姞梦兰图》（燕姞为春秋郑文公姬妾），景阳宫挂《马后练衣图》（马后为明太祖

晚清待选秀女合影

皇后），永和宫悬《樊姬谏猎图》（樊姬为春秋楚庄王夫人），延禧宫挂《曹后重农图》（曹后为宋仁宗皇后），储秀宫悬《西陵教蚕图》（西陵为黄帝之妃，即嫘祖），翊坤宫挂《昭容评诗图》（昭容指唐中宗妃嫔上官婉儿），永寿宫悬《班姬辞辇图》（班姬为汉成帝之班婕妤），咸福宫挂《婕妤当熊图》（婕妤指汉元帝之冯婕妤），

清人《许后奉案图》挂屏

长春宫悬《太姒诲子图》（太姒为周武王之母），太极殿挂《姜后脱簪图》（姜后为周宣王之后）。

钟粹宫，曾名咸阳宫、兴龙宫。明代中叶曾为皇太子居处。清代为后妃居所，光绪年间一度成为皇后的正宫。钟粹宫体现了明代早期官式建筑的特点，其侧脚、升起、驼峰、蜀柱等木结构做法是紫禁城内最接近宋代《营造法式》规制的实例。

承乾宫，明初名永宁宫。明思宗田贵妃居此。田妃貌美活泼，多才多艺，通音律、擅书画、工刺绣、巧梳妆，并爱好弈棋、蹴鞠、骑马，深受皇帝宠爱，却因此恃宠而骄，与皇后冲突，又勾结外臣，犯宫中大忌，遂被贬居启祥宫，不久爱子夭折，更是“自来阶下拭啼痕”。皇后察觉思宗不忘旧情，遂安排他们一起赏花、和好，田妃重回永宁宫，不久病逝。

清初承乾宫为董鄂妃（又称东鄂洛氏、栋鄂氏）居所。关于董鄂妃的身世，一说为内大臣鄂硕之女，选秀入宫受宠，一说为顺治皇帝同父异母之弟襄亲王博穆博果尔的王妃，被顺治皇帝夺爱，一说其乃明末“秦淮八艳”（马湘兰、顾横波、柳如是、陈圆圆、寇白门、卞玉京、李香君和董小宛，又称“金陵八艳”）之一的董小宛，嫁与“四公子”（陈贞慧、侯方域、方以智、冒襄，又称“明末四公子”）之一的冒襄为妾，后被清兵掳而北去，辗转入宫，深受皇帝宠爱。根据顺治皇帝本人的记述，董鄂妃不仅体端貌美，而且知书达理、恭谨贤惠、善解人意，对福临本人体贴入微，对后宫妃嫔温婉有礼，曾屡劝皇帝勤政亲贤慎刑，又以死谏阻顺治皇帝废黜皇后改立自己。顺治十四年（1657 年），董鄂妃生下皇四子，皇帝欣喜若狂，迅即封为和硕荣亲王，并以太子视之，可惜年仅四个月就不幸夭折，董鄂妃痛不欲生，两年后也满怀抑郁撒手尘寰，“可怜千里草，委落无颜色”。顺治皇帝悲痛欲绝，追封其为端敬皇后，还将其宫中的 30 名太监、宫女悉数赐死随葬，并下令全国官吏服丧一月，全国百姓服丧三日。自己也万念俱灰，一度剃发，打算出家为僧，随即染上天花，病逝于养心殿，民间则盛

钟粹宫内景

传其出家五台山。将董鄂妃视为“面晕浅春，缬眼流视，香姿玉色，神韵天然”的董小宛，在一定程度上反映了在当时清廷入主中原的形势下，以汉族知识分子为主的复杂而微妙的社会心态。

后来承乾宫逐渐沦为养鱼饲鸟的场所，至宣统年间已满院榛芜，草长莺飞。

景仁宫，原名长安宫，明代嘉靖年间改名景仁宫。明宣宗的皇后胡氏因无子而辞去皇后之位，迁居于此。迎门有汉白玉石屏一座，相传为元代遗物。清代顺治十一年（1654 年）皇子玄烨（即后来的康熙皇帝）诞生于此。光绪年间其东西配殿为珍妃寝宫。

景仁宫外景

景阳宫，位于东西六宫之东北方位，为八卦四维之艮方。前殿采用高等级的庑殿顶，面阔却减为三间，形制特殊。后殿为御书房，收储明代各朝诗文集，并有御制诗句“东壁图书贮景阳”，与“古香披拂图书润”联语相映照。乾隆皇帝曾将周代十二钟收藏于此，将马和之的《豳风图》收藏在景阳宫后的学诗堂。

永和宫，原名永安宫，明代嘉靖年间改名永和宫。清代雍正皇帝生母德贵妃乌雅氏居住于此。雍正皇帝登基后，她拒绝接受皇太后的尊号，也拒绝移居皇太后的正宫慈宁宫，这被一些研究者视作雍正“夺位”的旁证。道光年间成为静妃博尔济吉特氏的居所，静妃为同治年间的恭亲王奕䜣的生母。光绪年间瑾妃居此。

延禧宫，原名长寿宫，明代嘉靖十四年（1535 年）改名延祺宫，清代改为

永和宫紫藤花

延禧宫内水晶宫

今名。清代道光皇帝的琳妃曾居于此，琳妃所生的皇七子奕譞即是光绪皇帝的生父、宣统皇帝的祖父。此宫多次遭火灾，道光二十五年（1845年）又被火烧毁，遂长期废置，宣统元年（1909年）瑾太妃建议在此建一座水晶宫，隆裕皇太后采纳并以周文王建灵台、灵沼故事命名为灵沼轩，在院中挖掘直径数丈的大水池，池中建一座三层的西洋式圆形宫殿，墙壁、地板均用玻璃砖建造，池中可养鱼种荷。但工程刚过半，就逢辛亥革命爆发，清帝被迫逊位，水晶宫工程也半途而废，现仍有基本成形的钢筋水泥框架伫立在那里。

储秀宫，原名寿昌宫，明代嘉靖年间改今名。清代乾隆时孝贤皇后、嘉庆时孝淑睿皇后与孝和睿皇后、道光时玉嫔、咸丰时懿嫔、同治时皇后、光绪时西太后、民国时逊帝之后均曾在此居住。咸丰六年（1856年），懿嫔叶赫那拉

储秀宫明间宝座

氏（即后来的慈禧太后）在此生下了皇子载淳（即后来的同治皇帝）。光绪十年（1884年）慈禧过50岁大寿时，重新装修储秀宫，添设落地罩、碧纱橱等，改为慈禧太后的寝宫，并在庭院中安设了后宫唯一的一对铜龙。储秀宫内的碧纱橱在夏季拆下，冬季再安上。

翊坤宫，原名万安宫，明代嘉靖年间改今名。明神宗朱翊钧的宠妃郑贵妃居此。神宗为了立郑氏所生皇三子朱常洵为太子，与坚持应按祖制立皇长子朱常洛为太子的群臣进行了长达20余年的立储之争，最后罕见地以群臣意见获胜告终。

永寿宫，原名长乐宫，明代嘉靖年间改名毓德宫，万历年间改今名。明代成化年间，命运多舛的纪淑妃与朱祐樘（即后来的明孝宗）母子曾经居住此地。纪氏本为广西一位瑶族土司之女，在当地一次流民暴乱中被官兵作为俘虏送入宫中，因“警敏通文字”，被任命为管理内府藏书的女史，一天偶被宪宗临幸后怀孕，为免遭恃宠专横的万贵妃迫害，宫女谎报其只是“病痞”，纪氏仍被赶出皇宫，僻居安乐堂，在太监张敏、废后吴氏的帮助下秘密生下皇子朱祐樘，并含辛茹苦抚养长大（一说纪氏怀孕后，是宪宗本人“密令托病，出之安乐堂，

永寿宫外景

以痞报，而嘱门官照管，既诞，密令内侍近臣谨护视之”)。六年后的一天，宪宗在梳头时，感叹头发已白而尚无子嗣，张敏冒死跪奏纪氏已生有皇子。宪宗大喜，方得与儿子相见并在大臣建议下当即下诏封为太子。纪氏也母以子贵封为淑妃并迁居永寿宫，本以为苦尽甘来，但不久却突然暴毙，宫女、太监对其死因噤若寒蝉，张敏随即亦吞金自尽。年幼的朱祐樘幸得周太后带往仁寿宫亲自抚养教育，才免遭毒手。万贵妃怕朱祐樘继位后复仇，转而鼓励宪宗广施雨露，并逼宪宗改立太子，只因东岳泰山碰巧地震，宪宗畏惧天谴，才未敢应允。朱祐樘继位后，勤政亲贤，一时“众正盈朝”，天下治平，史称“弘治中兴”。据记载，他还常与亲近大臣一起相对而坐，边吃饭边讨论国家大事，时称“造膝宴”。清代，永寿宫成为公主出嫁时举行筵宴的场所。

咸福宫，原名寿安宫，明代嘉靖年间改今名。位于东西六宫的西北角，在八卦四维中属乾方。前殿用高等级的庑殿顶，但面阔减为三间。在清代是皇帝临时起居、用膳之地。东室“琴德簃”为乾隆皇帝收藏和玩赏宋代“鸣凤”、明代“洞天仙籁”等古琴的场所，西室“画禅室”是乾隆皇帝收藏明代董其昌画禅室旧藏法书名画之地。嘉庆、道光两朝皇帝先后在此设立倚庐，为去世的先帝守灵。后殿名同道堂，咸丰皇帝病逝热河后，慈禧太后就是以慈安太后手中的“同道堂印”钤召恭亲王并除掉顾命八大臣。同治初年两宫皇太后“垂帘听政”期间经常居住在同道堂。

长春宫，明代嘉靖年间一度改名为永宁宫。清代乾隆年间孝贤皇后富察氏居住在此。她因连生两子均不幸夭折，悲伤成疾，乾隆十三年（1748 年）随帝东巡谒孔祭岱时在德州病逝于船上。乾隆皇帝常到此宫追思、祭奠，并书“德恰六宫”匾。两年后复立皇后乌喇那拉氏。乾隆三十年（1765 年）第四次南巡时，传说她因不满皇帝寻花问柳（乾隆皇帝在江南曾召幸过女伶昭容和雪如），谏阻无效，忧愤之下，自剪万缕青丝，结果触怒帝威，被斥为“迹类疯迷”，先

长春宫绥寿殿

长春宫内景

行遣送回京，不久病逝，以皇贵妃礼安葬。同治年间此宫为慈安、慈禧两位皇太后的居所。光绪年间在长春宫廊内墙壁上绘制了 10 余幅以《红楼梦》故事为题材的壁画，画中廊庑与长春宫建筑相互呼应，是中国传统绘画风格与西方焦点透视技法相结合的作品。宣统年间，隆裕太后居长春宫东暖阁，幼帝居西暖阁。长春宫前廊柱上悬挂“月傍九霄众星齐北拱，山呼万岁爽霭自西来”联，透出长春宫的与众不同。

光绪六年（1880 年）某日，有一位姓张的疯子从中正殿角门潜入宫，直到长春宫配殿咳唾，方被发现。

太极殿，取名于《周易·系辞上》:“易有太极，是生两仪。”原名未央宫，明代嘉靖年间，世宗以藩王入继大统后，将其父兴献王出生地未央宫改名为启祥宫，不久又改为今名，这是东西十二宫中唯一以殿命名的后宫（体和殿是清代晚期才改建的）。万历年间乾清宫失火后，神宗曾以此为寝宫。崇祯时，田贵妃因交通外臣、干预朝政，被思宗下旨谪居于此。清代宣统年间，瑜、珣、瑨、瑾四位皇太妃曾多次在太极殿召对臣工。

上述东西六宫的名称在历史上曾多次改变且有时失载，因此史籍中有的宫殿名称已难以确知是指其中哪一座了。例如：

承华宫，是明世宗所宠爱的曹端妃的居所，也是“壬寅宫变”发生之地。世宗朱厚熜刚愎自用，残暴冷酷，喜怒无常，嗜好黄老。孝洁皇后陈氏因对其好色不满，世宗便大发雷霆，使正怀有身孕的陈氏惊吓而死。此后世宗立顺妃张氏为后，一度宠爱有加，却因一件小事又一怒之下废了张氏，改立德妃方氏为后。据朝鲜史书记载，他对普通宫女更是阴狠苛刻，稍有过失即予杖责，“因此殒命者多至 200 余人”。斋醮修炼时，世宗曾命礼部尚书严嵩主笔撰写荐告文（因用朱笔写于青藤纸上，故称青词），严嵩为迎合帝意而殚精竭虑，务求文义典雅、辞藻芬芳，深获世宗赞赏，因此得邀宠眷，前后秉政专权 20 余年，屡屡“戕

太极殿东暖阁

害人以成其私”，其子严世蕃“剽悍阴贼”更胜其父，“肉唾壶”“淫筹”等典故均出自他。

有方士向世宗传授了一种丹药制法：用童女的月经拌和参茸，放入金银器皿内，用露水煎熬，浓缩为浆，再加上乌梅、乳香、没药、辰砂、松脂、尿粉等拌匀，以火焙炼，制成蜜丸，称为“红铅丸”或“元性纯红丹”，号称

太极殿西暖阁

服用可以壮阳和长寿。为了有足够的炼丹原料，世宗强迫宫女们服食催经下血的药物，轻则伤身，重则殒命；又逼宫女们每天清早采集露水，苦不堪言。非人的遭遇逼迫宫女们铤而走险，嘉靖二十一年（1542 年）十月二十一日，以杨金英为首的 16 名宫女，趁世宗在曹端妃居住的承华宫熟睡，试图用绳索将其勒死，但慌乱之中将绳扣打成了死结，世宗虽被勒昏但尚存鼻息，有宫女因害怕转而告密，闻讯赶来的方皇后救起世宗，随即严审此案，将涉案宫女全部凌迟处死，并借机将她妒恨已久的曹端妃也株连杀害。世宗痊愈后因此对方皇后不满，嘉靖二十六年（1547年）方皇后居住的坤宁宫失火，世宗闻报竟无动于衷，拖延抢救，致使方皇后被烧死。“壬寅宫变”的原因，除了通常认为是宫女不堪摧残起而抗暴外，有人因此案牵涉到王宁嫔而认为与宫闱内部斗争有关，还有人揣测是“大礼议”失败一方为维护宗法礼制而暗中操纵的。

“壬寅宫变”后，世宗下旨：“朕非赖天地鸿恩，鬼神默佑，早为逆婢所戕，哪有今日？朕自今日始，潜心斋祓，默迓天庥，所有国家政事，概令大学士严嵩主裁，择要上闻。”从此20余年不上朝，一心斋醮求仙，拜邵元节、陶仲文为真人，其中陶仲文竟一人身兼少师、少傅、少保“三孤”衔，在明清两代可谓空前绝后。世宗在炼丹方面更是变本加厉，仅嘉靖二十六年（1547年）至嘉靖四十三年（1564年）就分五次选进1000多名10岁左右的童女供用。王世贞有诗叹曰：“两角鸦青双箸红，灵犀一点未曾通。自缘身作延年药，憔悴春风雨露中。”

户部主事海瑞直言：“天下吏贪将弱，民不聊生，水旱靡时，盗贼滋炽。”民间称“嘉靖”实乃“家家皆净”，《明史》亦称“（此前）百余年富庶治平之业，因以渐替”。

昭德宫，明代成化年间为宪宗宠爱的万贵妃所居。万贵妃名贞儿，因父罪四岁入宫，为英宗生母孙太后（一说英宗本为宫女所生，被时为贵妃的孙太后抱养，其生母死于非命）宫中料理衣饰的宫女，后被派去侍奉刚出生的英宗长子朱见濬。土木堡之变英宗被俘、代宗继位后，年仅三岁的朱见濬地位微妙，后来英宗回国后被软禁在南宫，朱见濬也被废除太子地位，改封沂王，尝尽人情冷暖、世态炎凉。这段时期，万氏可能继续受命照料年幼的朱见濬。

夺门之变后英宗复辟，朱见濬恢复太子身份并改名朱见深，万氏亦入侍东宫，兼充保姆和情人。朱见深继位，是为宪宗，对年长19岁、“丰艳有肌”的万氏有强烈的依恋感，不仅封其为贵妃、皇贵妃，还废掉了与万氏不和的吴皇后，20年间专宠一身，“后（指新立的王皇后）终其身不十幸”，“六宫希得进御”。万贵妃曾为宪宗生有一子，但不幸夭折，受此打击后，她变态地防范其他妃嫔夺走皇帝的宠爱，几至丧心病狂，凡有妃嫔宫女怀孕都被其强迫服药堕胎，甚至已生下的皇子也难逃毒手。后来万贵妃在怒责宫女时因痰壅猝死，宪宗悲痛欲绝，同年也薨逝。

明代四大权监之一的汪直，最初就是昭德宫的内史，因善于刺探官员及民间的隐私而得到宪宗宠信，被委任掌管西厂。

—— 第四章 ——

龙潜凤栖历春秋

[慈庆宫，梃击案，毓庆宫；重华宫，乾隆身世传说，茶宴联句，漱芳斋；慈宁宫，争国本，太后下嫁传说，客氏；宁寿宫建筑群，九龙壁，珍妃井，倦勤斋；神武门，陈德行刺案]

金枝玉叶没有青枝绿叶的天然清香，天潢贵胄不如凡夫俗子的生活自在。在高墙深宫之内，青春易逝，韶华难留，皇子、公主们既无上尊贵又娇弱招忌，太后、太妃们虽荣华富贵却孤寂悲凉，只有那授玺而不归政的太上皇和垂帘听政的皇太后才得以尽享福寿、权势，然一人之幸终非国家之福。

明代皇子长大后有单独的宫室，而清代皇子出生后便要与父母分离，由保姆和太监带大。

东华门以内、文华殿东北，在明代有供众皇子居住的宫殿群。其中太子居住的慈庆宫（后更名端本宫），室内正中设皇太子座，座后有画屏，两楹各有七间连房，左为寝宫，有两张雕花架子床，右为起居室，有朱红雕漆大椅，门上用纱绢制成忠孝节义故事画。因位于紫禁城东面，故又称“东宫”。明代光宗、思宗即位前均曾在此居住。

太子作为一国储君，随时可能化蛇为龙，地位无比尊崇，但在复杂的形势下也常常遭到皇帝的疑忌、成为其他皇子的众矢之的。于是，有的谨言慎行，唯恐惹杀身之祸，有的“朝夕危惧”，仍不免两立两废。

明代万历四十三年（1615 年），一名叫张差的男子手持一根枣木棍从东华门闯入，奔向太子居住的慈庆宫，骂骂咧咧，逢人便打，直到慈庆宫前殿檐下方被抓获。初审认定其为疯癫之人，只因与邻里发生纠纷遂闯禁宫告御状。换人复审则认定其为郑贵妃身边太监指使，欲谋害太子。一时满朝流言蜚语，神宗不得不与太子一起亲自在慈宁宫召见百官，显示父子同心，储位已定，警告群臣不要伺机离间。最终将张差凌迟处死，涉案太监廷杖致死，复审官员削职为民。史称“梃击案”。

毓庆宫

此外，东西六宫北面的乾东五所和乾西五所，在明末清初也是皇子、皇孙居住的宫室。清代乾隆皇帝继位前居住在乾西二所，即位后将其抬升为重华宫，不再作为皇子的居室，而在端本宫旧址改建南三所，供皇子们居住，其中撷芳殿为嘉庆皇帝潜邸，道光皇帝即生于此。乾东五所仍为皇子、皇孙居所。

其实，清代唯一正式的太子东宫应为东六宫南面的毓庆宫，建于康熙十八年（1679 年），作为皇太子允礽起居读书之所，取代了明代慈庆宫的地位。后来主要由于康熙皇帝的多疑和皇子间的倾轧，允礽从“举朝皆称善”的储君经历两立两废竟以囚徒终其身。雍正年间虽创设秘密建储制度，但皇子弘历实际上是没有悬念的太子，他 12 岁入居此宫，直到 17 岁结婚才移居乾西二所。乾隆六十年（1795 年），正式立皇子颙琰为太子，令其迁居此宫。清代晚期的同治、光绪、宣统三帝相继幼年即位，均在毓庆宫起居读书。

重华宫，位于西六宫北面，本为明代始建的乾西五所之二所，在雍正年间是皇子弘历结婚后、继位前的居所。重华为上古明君舜的字，乾隆皇帝将康熙

重华宫

皇帝比作尧，而以舜自居，故欣然采纳近臣建议，以舜字命名其潜龙邸。南宋皇宫内亦有重华宫之名。

紫禁城重华宫有三进院落，前为崇敬殿，为起居宴客之地；中为重华宫，乃乾隆皇帝为皇子时与福晋的卧室；后为翠云馆，收藏乐器和书籍，有联语“洗不期其筝笛耳”“百城故帙有余香”。

在明清两朝28位皇帝中，乾隆皇帝的中国传统文化修养最为深厚。民间关于他身世的传说，虽属捕风捉影，但在某种意义上可视为汉族知识分子对其学养的认同。传说康熙年间，皇四子胤禛的福晋生一女，同日内阁学士陈某的夫人产一子，胤禛传话让陈某将其子送进府内看看，孰料送出来时已以瓦易璋，宁馨儿竟被调换！陈某不敢声张，旋即致仕回海宁老家。陈某之子成为皇子弘历，深受康熙皇帝喜爱，经常亲自教导，为了让他将来绍承大统，康熙皇帝才决定传位于胤禛，即雍正皇帝，而陈家被调换之子便成为了后来的乾隆皇帝。

重华宫乐善堂

乾隆皇帝效法《尚书·舜典》中古代天子“五载一巡狩”之制，先后六次下江南，其间多次到访甚至留宿海宁陈家，亦给民间传说留下想象空间。

乾隆皇帝还仿效汉武帝与词臣们在柏梁台赋诗联句的佳话，开创了重华宫茶宴联句之例，“元旦除夕，无不于此少坐，新正与诸臣茶宴联句”，成为当时宫中的一大风雅盛事。联句大都是应景之作，但有的也反映了历史事件，例如崇敬殿内门额之上，有一块君臣联句牌匾，就是为庆贺乾隆五十二年（1787年）平定台湾林爽文之变而作。

重华宫东侧有漱芳斋，门檐上的木质浮雕十分精美，在紫禁城内独一无二。建筑装饰彩画则于民国初年逊帝溥仪“暂居”期间重绘为通景海墁缠枝牡丹花题材。室内有“风雅存”小戏台，是乾隆皇帝侍奉母亲便宴听曲之地，室外有大戏台，是皇帝与亲近大臣饮茶看戏的场所。这里临近御花园，春暖花开之时，“花

漱芳斋风雅存小戏台

慈宁宫正殿外景

香鸟语群生乐”，秋高气爽之际，“月霁风清造物心”。康熙年间，皇帝有时在新春时节驾临这里，书写一些吉祥词语赐给近臣，雍正皇帝将其定为制度，称“开笔书福”，乾隆皇帝更是每年必行。

在紫禁城后宫的最西部，是明、清两朝太后、太妃们居住的慈宁宫建筑群。这里原是明代仁寿宫、大服千善殿（又称大善佛殿）旧址。仁寿宫在明代嘉靖四年（1525 年）发生火灾，玉德殿、安喜殿、景福殿等全部被毁。嘉靖年间拆毁大服千善殿，在其址建慈宁宫，开始作为太后、太妃养老之地，后于隆庆、万历年间又因火灾几毁几建。

万历早期，年轻的神宗借入慈宁宫向李太后问安，与太后身边的宫女王氏珠胎暗结，生下皇长子朱常洛。神宗虽不得不遵照太后懿旨册封王氏为恭妃，但却从此将其锁入冷宫幽居，王恭妃整日以泪洗面竟至双目失明。直到 30 年后王恭妃病逝前，朱常洛才获准探视生母一面，心中苦楚可想而知。后宫妃嫔之中，神宗独宠郑贵妃，欲立贵妃所生皇三子朱常洵为太子，但遭到一直要求按礼制立皇长子为储的群臣坚决反对，便以种种借口拖延立太子长达 15 年，史称“争

清人《明神宗像》轴

国本”。万历二十九年（1601 年），在群臣反复催促和李太后的直接干预下，神宗不得已立朱常洛为太子，但规定其非奉诏不得入宫见己，又封朱常洵为福王，广赐良田美宅，并一再推迟福王就藩日期，继立储之争后又引发长达13年的福王就国之争。万历四十三年（1615 年），在太子居住的慈庆宫发生“梃击案”，舆论直指郑贵妃。为平息流言蜚语，神宗携太子在李太后居住过的慈宁宫召见文武百官，显示父子同心、亲密无间。

神宗是明代享国最久的皇帝，早年聪慧好学，“神明夙悟”，加之上有李太后严加管束，下得明臣张居正辅佐，政绩可圈可点；但中年怠惰贪财，20 余年不上朝，又大肆侵田征税，终使吏治败坏，民变蜂起，国家日渐空虚;晚年昏庸迷信，对内不能消弭愈演愈烈的党争，致其成为朝廷的一大痼疾，几乎使朝政陷于瘫痪，对外不能明察祸端，正是在万历末年，后金在东北崛起，最终成为明代的心腹大患。因此，清代学者赵翼断言：明代并非亡于崇祯，而是亡于万历。

慈宁宫在清代早期成为皇太后的正宫，传说中的清初“太后下嫁”故事就发生在这里。清太宗皇太极的孝庄文皇后博尔济吉特氏，貌美多智，为庄妃时生皇子福临，并曾协助劝降了松山之战被俘的明代蓟辽总督洪承畴，深受太宗宠爱。福临六岁登基，即顺治皇帝，同年清军入关，当时天下未定，主少国疑，大权掌握在摄政王多尔衮手中。时为太后的孝庄文皇后在波谲云诡的形势下，对多尔衮曲意笼络，当时朝野盛传其秘密下嫁多尔衮，并有顺治皇帝称多尔衮为“皇父摄政王”、多尔衮病逝后被追封“成宗义皇帝”、孝庄文皇后遗言不与先帝皇太极合葬等蛛丝马迹为证。多尔衮雄才大略，主导清军入关定鼎、一统华夏，赏罚陟黜皆决于己，几乎凌驾于皇帝之上，去世不久却被追夺封爵、枭首曝尸，令人慨叹。

乾隆皇帝认为：“慈宁宫最为吉祥福地，后世子孙逮事慈帷即可于此承欢隆养。”又在附近建成寿康宫、寿安宫，作为太后、太妃的寝宫，此后慈宁宫成为举行与皇太后有关的各类庆典的礼仪场所。寿安宫是在明代咸安宫旧址上建立的，咸安宫为明代妃嫔居所，天启年间，熹宗乳母客氏曾居此。客氏因抚养之功受封“奉圣夫人”。她擅长烹饪，熹宗的膳饮必须经过她亲手调制才适合皇帝的口味。传说其每天用宫女的津液（“群仙液”）梳理头发，使一头浓发漆黑光亮。客氏后来与魏忠贤结成“对食”，相互勾结，作恶多端，离间皇帝与皇后的关系，残害后宫妃嫔，诬陷朝廷忠良，时谚“委鬼当朝立，茄花满地红”（关东读“客”如“茄”）。

慈宁花园

慈宁宫、寿康宫、寿安宫及南面的慈宁花园一带，平时宁静寂寥，那些风韵犹存或风烛残年的太后、太妃们在此过着或养尊处优，或清贫孤独的生活，通常用烧香礼佛来打发无聊的时光。但逢太后、太妃的寿辰以及上尊号、公主下嫁等庆典时，也会出现“慈宁宫里烂盈门”的热闹景象。尤其是乾隆年间，皇帝事母至孝，每逢大小节庆，慈宁宫一带常常礼乐盈门。孝圣皇太后 60 岁大寿时，乾隆皇帝亲率皇后、皇子、皇孙们在寿安宫庆寿九天，70 岁大寿时又在寿安宫庆寿 11 天，“皇上躬舞皇太后寿筵前”，并命皇子皇孙额驸等“以次队舞”，80 岁大寿时，乾隆皇帝下旨将慈宁宫前殿改为重檐歇山黄瓦顶，以示尊崇。皇太后病重时，乾隆皇帝曾一日问安三次，并夜宿慈宁宫，亲自奉药。因这里居住的太后、太妃们，不时会因年老或疾而逝去，故孝子贤孙们至此常有“慈荫春犹在，回思倍怆予”（咸丰皇帝诗）之叹。

后宫的最东部，原为明代仁寿殿、哕鸾宫所在，为妃嫔宫院，“移宫案”后李选侍即迁居此地。清代康熙年间重建，改称宁寿宫，为太妃居所，名称取自《尚书·洪范》中“五福：一曰寿，二曰富，三曰康宁，四曰攸好德，五曰考终命”。乾隆三十六年至四十一年（1771—1776 年）大规模改建宁寿宫建筑群，作为太上皇宫殿，形成了集理政、晏居、赏乐、苑囿等功能于一体的独特格局，形制完善，功能齐备，堪称紫禁城的缩影。

宁寿宫建筑群“左倚城隅直似弦”，分为中一路（中轴线主建筑）、东一路、西一路（即宁寿宫花园）。其中轴线南起九龙壁，北至景祺阁。

皇极门外的九龙壁建于乾隆年间，是我国现存同类建筑中最精巧的一座，长 29.4 米，高 3.5 米，壁顶为庑殿式，壁座为汉白玉须弥座，壁心由 270 块彩色琉璃砖拼成，其间九条蟠龙，色彩明亮，姿态各异，生动传神。壁顶正脊上还雕刻了九条游龙，脊岔另有行龙，与壁心的九龙互相呼应。

宁寿宫建筑群最主要的宫殿为皇极殿，取《尚书·洪范》中“皇建其有极”

九龙壁

皇极殿外景

之义。此殿本名宁寿宫，乾隆皇帝将其作为自己归政授玺后的太上皇正宫，用太和殿在明代晚期的名称命名为皇极殿，而改称其后殿为宁寿宫。皇极殿为重檐庑殿顶，面阔九间，进深五间，居于由甬道、台基构成的“王”字形结构正中，前面有两道宫门，规制超过太和殿；殿前有月台、甬道，“制如乾清宫”；殿中

皇极殿内景

设宝座，东有铜壶滴漏，西有大自鸣钟，格局如交泰殿。

宁寿宫为皇极殿的后殿，单檐歇山顶，与坤宁宫一样保留满族风格，在东次间开门，西部形成“口袋房”，便于保暖。

养性殿，殿名源自《孟子·尽心上》：“存其心，养其性，所以事天也。”本是乾隆皇帝“以为倦勤后寝兴之所”，制如养心殿，而规制略小，明间设宝座，东暖阁为起居用膳的“明窗”，阁后有随安室，西暖阁为收藏古人墨迹的墨云室，阁后有“香雪”佛堂。“每逢佳节，均于是殿开宴”。光绪皇帝曾在此居住。

乐寿堂，出自《论语·雍也》：“知者乐，仁者寿。”堂内以碧纱橱将房间隔为若干温室，每间下为暖阁上为仙楼。光绪年间，慈禧太后东施效颦，趋法乾隆皇帝，称“老佛爷”，60 岁以后迁居宁寿宫，居住在乐寿堂西暖阁，去世后在皇极殿停灵。

颐和轩与景祺阁呈“工”字形，景祺阁后院小屋为慈禧太后幽禁珍妃之地。珍妃因支持光绪皇帝变法、反对慈禧太后挟制皇帝而遭忌恨。光绪二十六年（1900年）八国联军侵入北京前，慈禧携光绪西逃，行前命太监将珍妃投入景祺阁旁的井中杀害，此井现名“珍妃井”。

在宁寿宫建筑群中轴线北段，东西各有一路建筑，东有帝后观赏戏剧的畅音阁、阅是楼以及北面的景福宫等。景福宫在康熙年间曾为孝惠皇太后居所，乾隆时期仿建福宫花园的静怡轩改建，“以待归政后宴息娱老”，后来为庆贺皇帝五世同堂又命名为“五福五代堂”。

西为宁寿宫花园，精巧多变，自成一体。北面的符望阁、倦勤斋，是乾隆皇帝为自己归政授玺后预建的起居、休闲之地，有御制《符望阁诗》：“耄期致勤倦，颐养谢尘喧。”倦勤斋拥有紫禁城内最为精致的内装修，斋名出自《尚书·大

养性殿西次间

禊赏亭

禹谟》:“朕宅帝位，三十有三载，耄期倦于勤。”全斋面阔九间，西四间和东五间相对独立。西四间中央是一座四角攒尖的方亭式小戏台，西、北两壁和顶棚是 170 多平方米的大幅通景画，画中的斑竹篱笆墙与室内南墙前和北墙西侧搭建的木质仿斑竹篱笆墙实物相呼应，西墙画中的竹篱笆外可见花草、树木、山峦，北墙画中的竹篱笆外是一座宫殿，篱笆东侧的月亮门外还有一对丹顶鹤，整个顶棚画的是紫红相间的藤萝花架。东五间为上下两层“凹”字形仙楼，每层又用隔扇、槛窗、落地罩、炕罩等隔成相对独立的空间，所用材料多为紫檀、花梨等名贵木材，所用工艺不乏当时的绝技，如竹雕贴黄，堪称江南一绝，是将毛竹去结去青后煮、晒、压平，胶合或镶嵌在木胎、竹片上，然后磨光，再在上面雕刻人物、花鸟、山水画或书法，此种工艺在紫禁城内仅见于倦勤斋；又如双面织绣，是清代新出现的工艺，斋内的隔扇和罩的夹纱大量使用双面彩绣或金线绣，图案多为缠枝花卉，十分精致。

宁寿宫地区中轴线建筑在乾隆时期以和玺彩画为主，周围庑房为旋子彩画，宁寿宫花园建筑则多为苏式彩画，格局协调，等级分明。慈禧太后移居乐寿堂前将养性殿等处也改绘为金线方心苏式彩画，破坏了格局，降低了等级。

在紫禁城后宫以北，就是皇宫的北门，本名玄武门，以我国古代四方神中“北

倦勤斋内景

倦勤斋正间

方玄武”命名，清代康熙年间为避帝讳改名神武门。高大的城台上有雄伟的城楼，规制略低于午门城楼而与东、西华门城楼相仿，天花为金莲水草纹饰。康熙年间，南洋的“西渡尔都加利亚国”曾进贡一头黄毛狮子，康熙皇帝特召群臣一起登上神武门城楼观赏。

神武门也是进出皇宫的重要通道。清代每三年一次挑选八旗秀女，应选女子即由此门入宫，在顺贞门外恭候，由太监分批引入，让帝后亲选，中意者记名留牌，定期复看。当日王公大臣均由东华门、西华门进出，不得在神武门一带行走。据说顺治初年还在神武门内悬挂过皇太后（即孝庄文皇后）“以缠足女子入宫者斩”的懿旨牌匾。

嘉庆四年（1799 年），权臣和珅被劾倒台致死的 20 大罪状第三条就是“肩

神武门广场

舆直入神武门”。嘉庆八年（1803 年）的一天，皇帝从圆明园回宫，进入神武门后换乘御轿时，一位名叫陈德的男子突然手持短刀从西厢房南墙冲出行刺，在刺伤定亲王绵恩和御前侍卫丹巴多尔济后，才被擒拿，后被凌迟处死。经查陈德是由东华门混入宫内，穿过东、西牌楼门，从西路来到神武门内潜伏的。民间传说陈德行刺是为和珅复仇。

—— 第五章 ——

八方神祇助王纲

[佛教，英华殿；藏传佛教，大服千善殿，中正殿，雨花阁，欢喜佛；道教，钦安殿，玄穹宝殿，城隍庙，祀马神所；儒教，奉先殿，斋宫，传心殿；萨满教，坤宁宫祭神；天主教]

明清皇宫内，时而佛堂法号震天，时而道观醮坛遍地，一边祖宗牌位林立，一边饲鸦神杆高悬。西天的如来佛祖、大威德金刚，中土的真武大帝、孔圣先师，还有原始的萨满、舶来的天主，八方神祇轮番登场，两朝帝王各取所需。紫禁城内三教齐聚助王纲，中华神州万法归一成一统。

像历代统治者一样，明清两朝也以神道设教，而且基本上对儒、道、佛三教并尊，加上清代满族传统的萨满教，紫禁城内，形成一个儒、道、佛、萨满诸教并存共处的神佛世界。

明代盛行佛教，太祖朱元璋年少时曾出家为僧，因此明代皇子降生后，据说都要从民间挑选一名幼童作为替身剃度出家。太祖立国后分封皇子为王，各选僧人为辅佐，其中道衍（姚广孝）在燕王朱棣发动“靖难之役”时积极出谋划策，为其夺取皇位立下汗马功劳。传说南京城破之日，建文帝披袈持钵，遁迹佛门，正统年间还发生过南方老僧冒充建文帝的事。武宗曾跟随五台山一名游方僧学习双修采补之术，自号“大庆法王”，并作高僧打扮，亲自为太监、宫女们讲经论道。唯有嘉靖、万历两朝改尊道教，一时宫中道观林立、遍设醮坛。

宋石狮子

紫禁城内有10余座专门的佛堂建筑，另有约30座宫殿在其偏殿、暖阁设有佛供。由于狮子在佛教中是护法神兽，因此皇宫中也有许多铜狮、石狮。

紫禁城宫墙西北角的英华殿，原名隆禧殿，“殆久为奉佛地也”。明代万历年间，神宗生母慈圣李太后每逢重大节庆均在英华殿作佛事，届时一人扮韦驮抱杵面北而立，其余众人披璎珞、鸣锣鼓、吹法号，诵经达旦。殿前东西各有一株菩提树，史载佛祖释迦牟尼是在菩提树下彻悟成佛，故佛门寺院广种代表智慧的菩提树，但菩提树是热带植物，我国尤其北方地区就普遍用银杏、无患子树、蒙椴（小叶椴）、丁香等代替，英华殿前的菩提树即为蒙椴，相传为李太后亲自栽种，枝干婆娑下垂并长出气根，盛夏开金黄色花，结籽缀于叶背，秋天飘落，可做念珠。《天启宫词》：“倚殿荫森奇双树，明珠万颗映花黄。”清代将气根误为树干，故《国朝宫史》称“庭中有菩提树七株”，乾隆皇帝御制诗亦言“菩提七树森列庭”，并将其比作北斗七星。

英华殿外景

英华殿西南菩提树

李太后是历史上有名的贤后，她对年幼的神宗严格教养，对亲生父亲等外戚严行约束，对辅政大臣张居正的改革积极支持，因此《明史》称："万历初政，委任张居正，综核名实，几于富强，后之力居多。"京剧《二进宫》中的李艳妃即以其为原型。李太后笃信佛教，去世后被尊奉为"九莲菩萨"。传说她还曾规诫驻守关外的明军不得滥杀无辜，因此有人认为清代从努尔哈赤时代起就奉祀的"完立妈妈"应即李太后（万历妈妈）。可惜神宗成年亲政后，却"朝讲稀御，封章多滞……民生日蹙，边衅渐开"，又因炼丹服药，性情多疑，冷酷残暴。后人有明代亡国于万历之说。

清代顺治皇帝自号"痴道人""尘隐道人"，还说："朕想前身的确是僧，今

中正殿

每常到寺，见僧家明窗净几，辄低回不能去。”“朕思上古惟释迦如来舍王宫而成正觉，达摩亦舍国位而为禅祖。朕欲效之，何如？”他经常在宫中举行法事，先后请玉琳琇、木陈忞、茆溪森三位禅师入宫讲经说法，并封玉琳琇为“大觉禅师”、木陈忞为“弘觉禅师”，对其执弟子礼。在最宠爱的董鄂妃去世后，顺治皇帝更是沉迷于玄思之中不能自拔，两月之内与禅师交谈了数十次，并执意让玉琳琇的弟子茆溪森给自己履行了净发仪式，两月后患病去世，遗嘱按僧人习俗火化，民间则盛传其出家为僧。雍正皇帝自号“圆明居士”，也曾在宫中举办法会，亲自讲授佛法，并重用“文觉禅师”等僧人参与政务。

到乾隆年间，为笼络蒙古各部并巩固对西藏的统治，清代将藏传佛教奉为国教，乾隆皇帝亲撰《喇嘛说》阐明“兴黄教即所以安众蒙古”的国策。紫禁城内因此遗留了大批藏传佛教的佛堂。

中正殿外景

慈宁宫一带原有大服千善殿，传说其始建于元代，殿内供奉大量藏传佛教的神像、舍利、法器等，至明代已经不太了解其含义和用途，例如后宫似乎就将所谓的“欢喜佛”当作婚姻或生殖神了，据《万历野获编》记载，明代皇帝大婚时，要先拜欢喜佛，然后行合卺礼。明代嘉靖年间，世宗崇道抑佛，下令烧毁大服千善殿内的金银佛像 169 尊、其他供器 1.3 万余斤，并拆毁此殿改建慈宁宫。

清代在西六宫以西建立中正殿，作为宫廷专门承旨造办佛像、管理藏传佛教事务的机构。这里每天均有法事，有时皇帝还亲自参与。例如，每年腊八日，在中正殿前搭建名为“小金殿”的圆形黄毡帐房，皇帝在御前大臣陪同下驾临，众喇嘛诵经，高僧活佛为皇帝拂拭衣冠行祓除仪，名为“洞黎”（满语“吉祥”），俗称送岁。每年十二月二十八日前后，在中正殿设各种贡品，并陈设冠袍带履等，又扎有草偶。届时皇帝御小金殿，近200名喇嘛执旗诵经，另有喇嘛扮二十八宿及十二生肖，一起瓜分一只用草扎制的鹿，以寓来年“得禄”之义。仪式结束后，众喇嘛将草偶送出神武门外烧掉，这应该是古代“大傩逐疫”的遗风，满语称“跳布扎”，俗称打鬼。

中正殿以南，有雨花阁，名称源于南朝梁武帝时云光法师开坛讲经，感动得天花乱坠如纷雨的典故。这里原是明代隆德殿旧址，乾隆中期，在国师三世章嘉活佛若必多吉指导下，仿照西藏桑耶、托林等古寺修建雨花阁，象征佛教中的须弥山。这是紫禁城中唯一的汉藏合璧式建筑，也是目前国内保存最完好的藏传佛教密宗四部神殿，堪称藏传佛教密宗义理与宫殿建筑的完美结合。楼

雨花阁内欢喜佛

阁式建筑外表三层，实则四层，四角攒尖屋顶上覆铜瓦，四条屋脊上爬伏四条铜龙。底层中部为三座分别供奉藏传佛教密宗主神大威德金刚、密集金刚和上乐金刚的巨大的珐琅坛城，前部有六座供奉显教无量寿佛的佛塔和大量无量寿佛像的桌案，后部为代表藏传佛教密宗修行第一阶段的“事部”，即灌顶、念诵、祭仪等事相之部，供奉九尊吉祥福德神；第二层为代表修行第二阶段的“行部”，

雨花阁

雨花阁北侧立面

即实践修行之部，供奉大日如来等；第三层为代表修行第三阶段的“瑜伽部”，供奉胎藏界大日如来和金刚界大日如来等；第四层为代表修行第四阶段的“无上瑜伽部”，供奉双身造型的大威德金刚、密集金刚和上乐金刚。男女相交的双身造型即俗称的“欢喜佛”，这实际与佛经和佛画中以“金刚杵”和“莲华”分别指代男女生殖器同理，都属于“现身说法”，其中男性或金刚杵代表力量，女性或莲华代表智慧，认为力量与智慧相结合就能修成正果，如同男女交合（“金刚杵及彼莲华二事相击”）就能孕育新生命一样。除众多佛像外，雨花阁内还有佛塔、唐卡及用高僧大德或死于非命者遗骨制作的嘎巴拉法器等。雨花阁是紫禁城内专

吉云楼里的万佛

梵华楼明间楼上内景

供皇帝一人使用的规格最高的佛堂，几乎每月逢六、八、十五日都有喇嘛在此举行不同的法事。

慈宁宫区实际是一个佛堂群，有慈宁宫大佛堂、寿康宫佛堂、寿安宫佛堂及慈宁花园内的咸若馆、吉云楼、宝相楼、慈荫楼等。在此养老的太后、太妃们大都伴着佛像、经声、香烟、青灯度过人生的夕阳岁月。慈宁宫后殿大佛堂，原有数尊大佛像，是举行比较重要的藏传佛教宗教仪式的场所。慈宁花园正殿咸若馆和东西两侧的宝相楼、吉云楼及北面的慈荫楼都是供奉佛像、贮藏佛经之地。咸若馆面阔五间，另有抱厦三间，平面形状呈“凸”字形。吉云楼供奉着大量泥制小神像（满语“嚓嚓”），是紫禁城内的“万佛堂”。宝相楼和吉云楼南面各有一座小院（含清斋、延寿堂），均灰瓦覆顶，是乾隆皇帝为先人守孝时预备“日夜侍奉汤药之所”。

宁寿宫区也有不少佛堂。最重要的是梵华楼，位于宫墙东北角，卷棚顶，面阔七间、进深一间。楼下明间供汉白玉须弥座铜镀金旃檀佛立像，高 2.1 米，为紫禁城内最高大的一尊佛像。楼内的供养道场与宝相楼、慧曜楼相似，同属于清代宫廷藏传佛殿的典型模式之一，称“六品佛楼”。紧邻的佛日楼供奉有藏传佛教的黄教创始人宗喀巴的塑像。宁寿宫区西北的倦勤斋，也有两处小佛堂。

道教在明代皇宫中大致与佛教平分秋色。清代“总领天下释教中心”的中正殿在明代本是供奉玉皇大帝的道观，崇祯年间陕西、山西大旱，思宗曾亲率司礼监官员赴中正殿前，在烈日下跪祷一炷香时间，以祈求降雨。

位于皇宫中轴线北端的钦安殿，是紫禁城内最重要的道观，建于明代永乐年间，奉祀道教主神真武大帝（玄天上帝），因其主北方掌司水，故钦安殿建于紫禁城北部。殿顶有铜胎鎏金宝顶，耗用黄金 5 千克。殿内三座神龛，供奉三

钦安殿内景

玄天上帝塑像

尊真武大帝铜座像，正龛铜像披发、仗剑、跣足，龛前有金童、玉女及水、火二将侍立。殿设斗香（巨香盘绕如斗），每月朔望由宫殿监拈香行礼，每年元旦、立春、立夏、立秋、立冬之日，设供案，奉神牌，皇帝亲临拈香行礼。其余年节，均设道场，拜进表文。殿前幡杆颊四面雕刻精美的双龙戏珠图案，白云翻滚压高山，海浪汹涌没礁石，二龙或升或降，争夺宝珠。北方正中的石栏板用水纹雕饰，以象"北方壬癸水"。明仁宗朱高炽因滥用金石之药治疗"阴症"而驾崩于此。清代乾隆皇帝称钦安殿"统握元枢"。

东六宫东面有玄穹宝殿，为明初怡神殿旧址，后在此改建玄穹宝殿，清代康熙年间为避帝讳改名天穹宝殿，奉祀昊天上帝，殿阁供奉一尊手执玉圭的金

城隍庙琉璃门

玄穹宝殿内的“大清宗室谱牒”柜

胎玉帝像，另有吕祖、太乙天尊等神仙像。殿内有宝座、经桌、法器桌、神牌桌及各种法器。每年正月初九传大光明殿道士来此念玉皇经一日，每年年节和八月初六至十四日，为“天祭”，设道场。清代同治皇帝、光绪皇帝都曾到玄穹宝殿拈香行礼。

紫禁城西北隅的城隍庙，始建于明代，奉祀掌管水旱疾疫的城隍神。明代洪武年间曾下诏，以帝、王、公、侯、伯五级爵位分封全国各地的城隍神，命设坛祭祀，并规定地方官到任须先拜谒当地城隍神，“于是城隍神之重于天下，蔑以加矣”。紫禁城内现存的城隍庙为清代雍正四年（1726年）重建，坐北朝南，三进院落，依次为山门、前殿、正殿，两侧分别有配殿。山门和前殿均面阔三间，屋顶饰仙人、吻兽，正殿面阔五间，屋顶以龙为饰，殿前有月台。每年三月、九月、十二月供玉堂春、富贵花一对，朔望供素菜，逢万寿节和秋末派内务府总管致祭，供羊。至道光年间停祀。

明代嘉靖初年，南方大涝，疾疫流行，北方大旱，农业歉收，世宗听信太监崔文建议，请道士邵元节进宫打醮禳祸，陶仲文等道士也相继入宫，并向世宗传授炼丹服药、修玄采补之术，据说十分灵验，从此世宗迷信黄老方术，下令宫中拆毁佛堂、遍设醮坛，请道士教太监诵经，并亲自斋醮炼丹，“月无虚日”，清代养心殿南面的御膳房即为其炼丹的无梁殿旧址。世宗又命文武大臣逐日排班进香，并以对斋醮的趋奉程度决定官员的陟黜，“词臣率供奉青词，工者立超擢，卒至入阁”，时称“青词宰相”，于是紫禁城内香霭氤氲，九天阊阖成了修仙道观。在部分因此酿成“壬寅宫变”后，世宗反而认为多亏神明保佑才大难不死，竟从此“不复视朝，唯旦夕事斋醮”，几乎使国家朝政陷于瘫痪。

御花园内千秋亭东侧有四神祠，始建于明代嘉靖十五年（1536 年），用于祭祀青龙、白虎、朱雀、玄武四方神。清代雍正年间重建，改祀风、云、雷、雨四神。

御花园内四神祠

明代文华殿后有圣济殿（现文渊阁位置），为奉祀先医之所，另在太医院和御药房之间有药王殿奉祀药王。

清代满族的萨满教与中国传统的道教同属于万物有灵的多神教类型，有时难分彼此。紫禁城城隍庙东北有马神庙，始建于明代，清代雍正年间重建，称祀马神所。乾隆二十六年（1761 年）谕旨“朕所乘之马匹，祭祀甚属紧要”，每年春秋两季由内务府大臣和上驷院官员共同到此祭祀马神，祭毕将萨满给的红绸条拴系上乘御马、青绸条拴系大凌河骡群马匹。

清代每年春季，由皇后率领妃嫔、公主、福晋及命妇祭祀蚕神、行躬桑礼，届时在交泰殿设黄案，上陈斋戒牌及铜人，躬桑前在此阅视钩、筐，这是唯一由皇后主持并全部由女性参与的祭祀活动。

顺治八年（1651 年）规定，每年十月在大庖井前祭司井之神。东华门内“红实中门”库房区曾有一个“库神庙”，奉祀主管库房安全的神灵。

儒家学说在先秦时期形成后，至汉代被定为官方的正统思想，从此在我国

奉先殿前月台

世代相传，提倡敬天、孝祖、尊师、尚文，虽少玄思，却有体系，成为历朝历代尊奉的圭臬，亦不失为一种世俗化的信仰，因此也被称为儒教。明代开国以“驱逐胡虏，恢复中华”为号召，得到广大儒士的拥护和支持，朱升、刘基、李善长等均成为朱元璋治国平天下的得力谋士，尊孔崇儒也成为明代的国策之一。清代入关伊始，为收揽汉族士子的人心，多尔衮遣官祭孔，并加封孔子为“大成至圣文宣先师”，康熙皇帝首次南巡即到曲阜朝拜，向孔子神位行三跪九叩大礼，由此奠定了清代尊崇儒教的基础。

除了“左祖右社”中的太庙外，紫禁城内还有一处皇帝祭祀祖先的场所，这就是位于东六宫东南面、毓庆宫东面的奉先殿。它与太和殿一样为重檐庑殿顶，使用最高等级的鎏金斗拱，前后两殿均面阔九间，中有穿堂相连呈“工”字形，前殿全是浑金彩画，四周以墙垣围绕，体现其尊崇的地位。这里是明清两朝皇帝的家庙，供奉列祖列后神牌，前殿设宝座、香案，后殿设宝床、神龛，“均如事生之仪”。最初奉先殿每帝只配祀正后（嫡母）一人，继后、生母不得入享，而明代诸帝多非嫡母所生，因此往往另辟殿堂奉祀生母，直到万历以后才全部在奉先殿享祀。我国从周代起，天子宗庙一般奉祀七代祖先，即太祖居中，三昭居左，三穆居右。

奉先殿飨祀之礼有日献食、月荐新、朔望朝谒、时节展拜、出入启告。逢列帝列后诞辰、忌辰、上徽号、册立、册封、御经筵、耕耤、谒陵、巡狩、回銮及一般令节、庆典，均在后殿上香祇告；逢元旦、冬至、皇帝或皇太后万寿节及国有大庆，则将列帝列后神位奉于前殿祭告，“礼仪祭器，一如太庙制，惟不设牲俎，不行饮福受胙礼，王公不陪祭”。周代有天子乘舟亲渔荐鲔于庙的古礼，明代定制每月荐新于奉先殿，清代木兰秋狝时皇帝亲射的鹿獐必驿传荐新于奉先殿。

毓庆宫西侧有斋宫，建于清代雍正年间，是皇帝在祭天、祭地、祈谷、常雩等大祀前行斋住宿之地。传说雍正皇帝得位不正，怕被暗害，故在紫禁城内

斋宫藻井

建斋宫，以便每逢大祭，减少在天坛等处斋宫停留的时间。皇帝祭祀坛庙前，先行沐浴并斋戒三日，第一日太常寺在乾清门中门之左设黄案，上设斋戒牌和铜人，宫内各处悬斋戒牌，皇帝移居紫禁城内斋宫，不食荤腥（可食肉，戒酒，忌葱蒜韭），远女色，不理刑名，但召对理政如常。第三日（即祭祀前一天）御殿视祝版（审查祭文），然后具卤簿移居坛庙内的斋宫，次日大祭。

在举行经筵大典的文华殿东面，有传心殿，始建于明代，最初殿内供佛，明代嘉靖年间撤去佛像，改祀儒家尊奉的圣贤，世宗亲自宣读祭文，主持安神礼。殿内面南设皇师（伏羲、神农、黄帝）、帝师（尧、舜）、王师（禹、汤、文、武）牌位，东面是周公、西面是孔子的牌位。每年春秋仲月，皇帝亲临经筵的前一天，先派大学士来传心殿祭告。每月朔望遣太常寺卿供酒果上香。清代乾隆、嘉庆、

弘德殿外景

道光、咸丰等皇帝均曾亲临传心殿致祭。

明代嘉靖年间还在文华殿西北建省愆居，四壁悬空，形似南方的吊脚楼，是国家遭逢天灾时皇帝反省思过的场所。

乾清宫西侧弘德殿作为讲经读书之地，殿内也立有孔子牌位。另在乾清宫院内东南角也有一处祀孔的地方，称圣人堂，供奉孔圣及四配（颜回、曾参、子思、孟轲）等牌位。

清代的传统宗教信仰是萨满教，自谓“我朝自发祥肇始，即恭设堂子，立杆以祀天；又于寝宫正殿，设位以祀神。其后定鼎中原，建立坛庙，礼文大备，而旧俗未尝或改”。

紫禁城内最典型的萨满教习俗就是坤宁宫祭神，这是清代皇宫内最频繁的祭祀活动。清代初年沿袭明代旧制，以坤宁宫为皇后正宫，将其东部作为皇帝大婚时的洞房，而将中部和西部按照盛京清宁宫的格局改为祭神的场所，西炕、北炕设神位，俱挂黄幔，门外立神杆。几乎每天都于寅时举行朝祭，对象为西炕供奉的释迦牟尼佛、观世音菩萨和关圣帝君；于申时举行夕祭，对象为北炕供奉的穆里罕神、画像神和蒙古神。平常由巫祝致祭，祭毕将供神的白水煮猪

坤宁宫内景

肉由参与祭祀的人及乾清门侍卫分食（分胙）。重要节令皇帝、皇后亲临致祭，王公大臣陪祭，届时由宗室妇女和宫内太监担任司祝及其助手，炕上设供桌，上陈果品糕点，室外供猪，立杆悬铃，时辰到后，助手奏弦、敲板、拍掌，司祝举神刀歌舞祝祷，皇帝亲临神位前跪礼，司祝将用酒煨熟的猪耳朵荐献给神灵，皇帝礼毕坐南炕上，召王公大臣入，一起受胙分食。此外，坤宁宫还有月祭（每月初一举行）、祭天、祈福祭、春夏秋冬献神祭、岁末祀龟礼等。

乾隆年间修建太上皇宫殿时，按照坤宁宫之制改建宁寿宫，内设神位及祭神锅炕，外竖神杆。嘉庆皇帝在乾隆皇帝内禅后仍居毓庆宫，也在宫前立杆祀神。

外国传教士及在京洋人于西什库教堂内合影

除了儒、道、佛、萨满诸教外，明末清初之际，从西方传入的天主教在皇宫中也曾有一定影响。

明代晚期，利玛窦、汤若望等一批耶稣会士相继来华传教，与徐光启、李之藻等士大夫成为知交，据说徐光启、李之藻甚至加入了天主教。崇祯五年（1632年），徐光启入阁，曾向思宗宣讲天主教教义，史载思宗一度“虔事上帝”，下令将皇宫内成百上千尊佛像撤出宫外，许多大臣为此激烈抨击徐、李等人。崇祯十三年（1640年），皇五子病逝前在昏迷中谵语毁佛之过，思宗痛悔之下才放弃天主教信仰，下令将佛像移回。

清代顺治皇帝与汤若望关系密切，他甚至在汤若望的南堂庆祝自己20岁的

“万寿节”。顺治皇帝临终前还采纳汤若望的建议，传位于已出过天花、时年八岁的皇三子玄烨，即后来的康熙皇帝。

总的来说，明清两朝绝大多数皇帝对宗教能做到信而不迷，并以其“暗助王纲”。为了不影响国计民生，明清两朝对兴建寺院道观和百姓出家为僧道均有所限制。以明代为例，洪武年间明文规定全国各地寺院道观的数目，此后只准维修，不许新建。永乐十六年（1418 年）下旨：“天下僧道，府不过四十人，州不过三十人，县不过二十人，限年十四以上、二十以下，父母皆允，方许陈告，行勘无碍，然后得投寺观，从师受业五年后，诸经习熟，然后给与度牒。”正统十一年（1446 年），有四名僧人在彰仪门外私建寺院，结果被发配边远充军。成化年间各地一度大肆营建寺观，耗费“不可胜计”，全国僧尼道士数量达到 50 万人，其后弘治年间即下令拆毁所有未经批准建立的寺院道观，勒令大批无度牒的僧人、道士还俗。

—— 第六章 ——

锦衣玉食伴笙歌

［明代二十四衙门，清代内务府；日常饮食，满汉全席，大庖井，冰窖；多才多艺的明清帝王；年节宴乐，筵宴，烟花，宫灯，三清茶；宫廷戏曲，优伶立功，熹宗演戏，清代戏曲，宫廷戏台，优伶获罪，内府的腐败］

食不厌精，衣不厌丽，锦衣玉食颐养帝后天年，理应坐享人间福；人生如戏，戏如人生，舞榭歌台演绎千载风流，恍然大悟身是客。人主的闲情逸致与百姓大同小异，固然人之常情；宫中的年节风俗与民间相差无几，却难与民同乐。宫廷生活风雅多姿，难掩内务衙门腐败瞠目。

明清时期，天潢贵胄、金枝玉叶们在紫禁城内过着锦衣玉食的生活。皇宫内有一个庞大的群体为他们服务。明代内府“二十四衙门”包括司礼监、内官监、御用监、司设监、御马监、神宫监、尚膳监、尚宝监、印绶监、直殿监、尚衣监、都知监、惜薪司、钟鼓司、宝钞司、混堂司、兵仗局、银作局、浣衣局、巾帽局、针工局、内织染局、酒醋面局、司苑局，其中除浣衣局外，均设于宫内，有数万人供役。清代内务府官署设在西华门内、武英殿北。总管从满洲文武大臣或王公中选拔，“掌内府一切事务”，下设广储司、会计司、掌礼司、都虞司、慎刑司、营造司、庆丰司，并辖奉宸苑、武备院、上驷院，甚至清代末年的“宪政筹备处”也附设在内务府下。内务府所属机构中最著名的应是造办处，负责为宫廷提供日用器物和各种工艺品。乾隆时造办处设有裱作、画作、灯作、花儿作、皮作、绣作、镀金作、银作、玉作、镶嵌作、牙作、砚作、铜作、眼镜作、如意馆、做钟处、玻璃厂、铸炉处、舆图房、鞍甲作、珐琅作、画院处、木作、刻字作等38种手工业工场作坊，各种匠役近千人，占用房屋200多间。内务府所属的灯笼库、缎库、皮库、银库、衣库、茶库、瓷库、甲库、鞍辔库等各种库房分布在紫禁城内的一些别院、庑房、配殿、崇楼中，另有果房、冰窖等。这些机构和设施主要就是为明清两朝帝后妃嫔、皇子公主们的日常生活服务的。

明代内府设施分布已不详。清代皇帝在养心殿南面有御膳房，在乾清宫院

御膳房

内有御茶房，皇后、皇太后、妃嫔、已婚皇子皇孙也都有自己的膳（饭）房、茶房。乾隆四十七年（1782 年）将所有外茶房统一归并入箭亭东面、南三所西边的御茶膳房，其余膳房皆“不设饮”。

皇帝的“常膳”一般独自进餐，每日两顿正餐，早膳约在早晨七点，晚膳约在中午一点，外加两次点心。正餐每次冷、热、荤、素、茶、果计几十种。进膳前，先用银牌试膳，再由太监尝膳，然后才能报名上膳。其中大部分膳食皇帝一口未尝就传旨赏赐给妃嫔、阿哥、大臣了。进餐时由太监根据皇帝的示意布菜，但皇帝喜欢吃的菜最多布两次，如果皇帝再要，首领太监就会下令撤掉这样菜，并且几日内不得再上。据说这是为了防范旁人知道皇帝的嗜好后下毒。

清宫御膳主要是山东、内蒙古、江浙等地风味，后来演变为所谓“满汉全席”，有“山八珍”“海八珍”“禽八珍”“草八珍”等谓，总共有 100 多道菜。其中，山珍海味多燕窝、鱼翅、鹿肉，少鲍鱼、龙虾；肉食多鸭肉、鸡肉、羊肉，少鱼肉、牛肉；蔬果多萝卜、扁豆、青菜、时令果品；主食多点心饽饽、汤面、粥。除内务府采办外，还有不少来自各地官员的进贡。金易《宫女谈往录》：“宫里头出名的是零碎小吃。秋冬的蜜饯、果脯，夏天的甜碗子，简直是美极了。甜碗子是消暑小吃，有甜瓜果藕、百合莲子、杏仁豆腐、桂圆洋粉、葡萄干、鲜胡桃、怀山药、枣泥糕等等。”

紫禁城内帝后饮用的水，是专门从北京西郊玉泉山“京师第一泉”运来的泉水，水清质净，口感上佳。文献记载，康熙皇帝曾赐大臣饮玉泉山水以示恩宠。清宫御酒也专门用玉泉山泉水酿造。北京历来缺水，虽有河流，但“地污水咸”、水质较差，难以饮用。居民的生活用水主要依靠井水，以至北京过去有许多地名与井水有关。而北京的井水大都苦、涩，偶有一口甜水井，无不视为珍奇，有的胡同即以“甜井”命名。宫内几乎每个院落都有一眼井，其中最著名的是文华殿东面的大庖井，据说它与玉泉山泉水一脉相连，水质口感亦相近。紫禁城内现存水井 75 口，受北京地区水位下降等影响，几乎都已干涸，只有大庖井仍蓄水。

对于从东北入主中原的满族来说，北京“春、秋、冬三季，犹可居止；至于夏月，溽暑难堪”。紫禁城后宫许多宫殿在夏天都架木铺席，搭建凉棚，但仍难免有“南窗无奈夏阳骄”之叹。据记载，顺治年间有一次因天气实在太热，皇帝难顾体统，竟穿着单纱衣裙、光脚着草鞋在乾清宫升座接见大臣。乾隆年间则在室内置冰降温，“广厦无烦暑，精盘贮碎冰。凉逾箑脯扇，色似玉壶凝”。盛夏时节，帝后还常去西苑、颐和园甚至热河避暑。

周代王宫即有贮藏冰块的“凌阴”（即冰窖）。紫禁城内原有冰窖五座，隆宗

明人《明宣宗行乐图》卷（局部）

门外原造办处旧址现存四座，均为半地下建筑，黑瓦灰墙，券门无窗，墙厚达 2 米，窖内地面铺大块条石，墙壁用砖、石砌成拱券，隔热效果很好。每窖容积达 330 立方米，可贮冰 5000 余块，均是寒冬时节从御河取冰，凿成方块后贮藏待用。

皇宫内冬天取暖用的是上等的“红箩炭”（因用涂了红泥的箩筐装运而得名），火旺耐烧，无烟无味，是由京城周边的通州、蓟州、涿州、易州等地用上好木材烧制，再锯成一定尺寸的炭条，送入宫中按等级每日定量供应。

人吃五谷杂粮，经历严寒酷暑，难免会生病。紫禁城内南三所东面有太医院和御药房，坤宁宫西北角有太医值房和寿药房，乾清宫东南角有御药房。由太医昼夜分班值候，在外朝的称“六直”，在内廷的称“宫直”。太后、太妃们居住的寿康宫每日亦有太医带各色丸散药味值宿。诊病、开方、合药、煎药均有太监监督、登记，帝后服药前也由开方太医和太监先尝药。

除少数极为勤政的皇帝政务紧急繁忙外，皇帝一般主要在上午处理朝政，下午和晚上多为休闲娱乐时间。管世铭《夏日直留守班即事杂诗》有“过午何人共掖垣，睡起斜阳满宫树”的诗句。明清两朝的皇帝们，休闲娱乐方式各不相同，有的喜静，有的好动，有的长文，有的擅武，其中不乏多才多艺者。

明宣宗诗书画俱佳，史称其“书艺风雅”，绘有《戏猿图》《花下狸奴图》《寿

星图》《瓜鼠图》等,并有题扇诗:“湘浦烟霞交翠,剡溪花雨生香。扫却人间炎暑,招回天上清凉。”明孝宗雅好书艺,“作字点画飞动,有龙翔凤舞之势”。明思宗通晓音律,曾亲自谱《崆峒引》《敲爻歌》《据桐吟》《参同契》《烂柯游》等“访道五曲”,命妃嫔演奏。其余,如明代宗喜欢舞文弄墨、明宪宗擅于绘画、明神宗长于书法也都见于史载。

明熹宗朱由校在明清皇帝中是很有特点的一个。他心灵手巧,擅长木匠活计,“斧斤之属,皆躬自操之。虽巧匠,不能过也”。他曾亲自设计、制造过一张美观实用的雕花折叠床,还制作过惟妙惟肖的小木人、雕刻精美的灯屏等,有时还让太监把自己的作品拿到市场上去出售,很快销售一空,《明宫杂咏》赞:“御制十灯屏,司农不患贫。沈香刻寒雀,论价十万缗。”熹宗还醉心于建筑,天启年间重建太和、中和、保和三大殿,从起柱、上梁到插剑悬牌,他经常亲临现场指导,还曾动手仿乾清宫制造了一座三四尺高的小宫殿,梁柱斗拱俱备,又用沉香雕刻假山盆景,上有楼台池林。除木工活外,熹宗也精于雕琢玉石,常用各种玉石雕刻印章,赏赐给大臣、太监。他还喜欢踢球,常与太监在长乐宫玩球,并亲自设计、建造了五所蹴园堂。

清代顺治皇帝擅长指画。康熙皇帝以书法见长,并且是科学知识最丰富的一位皇帝,在历象、算学、音律等方面均有成就,据法国传教士白晋记述,康熙皇帝还喜欢部分西洋乐器并能亲自演奏。晚清的实际统治者慈禧太后有大量书画作品存世,不过其中佳者多由应召入宫的四川官眷缪氏代笔,但慈禧太后的戏曲造诣颇深,曾亲自改编过传统戏曲唱腔。

乾隆皇帝堪称中国历史上最有魅力的帝王之一。他不仅是中国最长寿、实际统治时间最长的皇帝,而且在文治武功方面也颇有建树,把中国封建社会最后一个盛世推向了顶峰。他酷爱写诗,平生共写了约 4 万首,是我国迄今为止作诗最多的人,当然其中多有代笔;又好题词,在全国各地留下了大量墨迹,

清人《弘历朝服像》轴

其书法自成一体，有学者评价为“又圆又甜，像个糖球”；另有部分绘画作品存世，文献记载乾隆皇帝曾亲临如意馆，看到有的画工用笔草率，曾亲自动手示范；此外，他还擅长音律，自述“古稀天子逢几暇，自谱新声和玉箫”。

清人认为，元旦是一年时序轮回之始，冬至是一年昼长夜消之始，万寿节是帝王一岁更齿增寿之始，因此将每年的元旦、冬至和万寿节定为“三大节”。届时在太和殿（有时改在太和门）举行盛大筵宴，皇帝与文武百官共庆佳节，先由中和韶乐奏《海宇升平》《玉殿云开》《万象清宁》等乐章，犹如先秦雅乐《湛露》《肆夏》《鹿鸣》之属，然后是乐舞百戏表演，最常见的是庆隆舞，包括扬烈舞和喜起舞两部分，类似文献记载上古时代夏禹治水安邦后“鸟兽翔舞”之义。然后举行国宴。乾隆年间将国宴规制定为宴席 191 桌，用羊 82 只，上酒 82 瓶。置办国宴所需费用通常由内务府专项支出和王公“凑份子”一起分担。国宴有时会提前两天举行，以便不影响皇帝随后斋戒及祭祀。

紫禁城内每逢农历新年均张灯庆贺，灯以绢或纸为罩，因属宫中特制，故称宫灯。明代皇宫内新年期间还可以放烟花，一些宫廷绘画中有生动描绘。文献记载正德九年（1514 年）元宵节在乾清宫前放烟花不慎失火，延烧至坤宁宫，明武宗避往豹房，回头看着腾空的烈焰浓烟，竟笑着说：“好一棚大烟火！”清代紫禁城内禁放烟花，但新年期间也在内廷张灯庆贺，从腊月二十四日至次年二月三日，分类分批安设，共张挂、陈设各式宫灯 600 余盏，种类有天灯、挂灯、灯联、灯屏、宫灯、廊灯及桌灯、座灯、纱灯等，因此新年期间整个后宫“灯月连宵夜如昼”。乾清宫前的灯屏上绘有《寝门视膳》《借事纳忠》《桐叶封虞》《运甓习劳》《金人示戒》等故事，称为“养正图”。而且新年期间，皇帝驾到之处也以爆竹为号，每过一门鸣爆竹一响，故有“爆竹声中万乘来”的词句。

乾隆年间，为沿袭汉武帝柏梁台联句遗韵，每年新春，皇帝在潜龙邸重华宫召集王公大臣中能诗善赋者，赐饮特制的三清茶（以梅花、佛手、松子作茶

清嵌玉宫灯

料，用雪水烹煮制成），当场赋诗联句，称重华宫茶宴联句。每次参加的人数不定，从 18 人至 80 人均有，其中一度固定为 18 人，取法唐太宗李世民与杜如晦等 18 学士交谊佳话。

明代永乐十年（1412 年）以后，每年元宵节，照例赐百官宴，并在午门外仿宋徽宗故事扎“鳌山万岁灯”，用木、布、纸等材料扎起数丈高台楼阁，将成百上千盏彩灯层层堆叠起来。夜幕之下，火树银花，流光溢彩，与天上繁星交相辉映，有时还会燃放烟花爆竹助兴。届时特许京城百姓进入皇城禁区观赏三天，成祖亦曾亲临午门城楼，以示与民同乐。永乐十三年（1415 年）正月十三日夜，成祖率后妃、皇子、大臣登午门观鳌山灯、赏烟花，不料乐极生悲，“鳌山火发，焚死多人”，午门也被火受损。当时紫禁城的营建尚未完全竣工。

明代，每年立春日，皇帝要赐百官食春饼。清代，每逢立春，顺天府要进奉三座象征春天来临的春山（又称“春座”）给皇帝、皇后和皇太后，从午门中门抬入宫中，“交泰乾清春座入，保和东阁满春光”。咸丰皇帝生母、道光皇帝全妃钮祜禄氏，秀外慧中，工诗擅赋，曾改良七巧板，拼出“六合同春”四字以应时节，深受道光帝宠爱，后被册封为皇后，却与皇太后言语有隙，面和心不睦，一次生病后饮了太后谕赐旨酒竟撒手尘寰。

明代每年四月八日，赐百官食“不落荚”，系用白面和菜，摊在桐叶上蒸熟。清代则用常青树叶包米饭蒸熟，用于供佛，称“不落角儿”。

每年七月七日夜，后妃们集体在御花园设供献祭，行香乞巧。

冬至日，皇帝亲临天坛行祭天大典，宫内亦挂上《九九消寒图》，有的是九朵梅花、每朵九瓣，有的是一句九字、每字九笔，总之或图或文，均以九九为数。从冬至第二天起，每日用朱笔描画一笔，当 81 笔全部描完时，就冬去春来了。道光年间御制“亭前垂柳珍重待春风（風）”的《九九消寒图》，文中九字每字皆为九画，意境也好，从此沿用下来。

清《九九消寒图》

每年腊八日前，清宫派满蒙王公大臣到雍和宫监督专人用特制大锅熬制腊八粥，由宫中喇嘛围锅念经。腊八日，将粥进奉内廷，皇帝谕令分别供奉内外各庙、分赏内廷各宫和外廷各王公大臣。

从乾隆初年起，每年十二月朔日皇帝在漱芳斋开笔书福并赏赐王公大臣及妃嫔。

每年十二月至次年二月在宫内张挂门神、春联。宫中的春联系在白绢上书写。

每逢下雪，也会给皇宫增添不少欢乐，“出户忽看春雪下，六宫齐卷水晶帘”。雪后常在养心殿庭院中堆雪狮子“志喜兆丰”，又在宫内宽阔处堆雪如山，再浇水冻成冰，众人比赛从山顶站着下滑，以不摔倒为优胜。

康熙六十一年（1722 年），皇帝虚岁 70，效法北宋“耆英会”佳话，在乾清宫前举办盛大宴会，与民同乐，京城年满 60 岁（年逾周甲）的大小官员和百姓共 730 人参加，称为“千叟宴”。席间，康熙皇帝命皇子皇孙们为众老执壶敬酒，并亲自赋诗，与宴者轮流唱和。宴毕，仿汉代地方官在中秋节授予 70 岁以上老人一支装饰有鸠鸟的玉杖的风俗，赐每位耆老鸠杖一支，以示敬老。此后，乾隆五十年（1785 年）皇帝 75 岁时在乾清宫、嘉庆元年（1796 年）太上皇 85 岁时在皇极殿又分别举办千叟宴，人数竟达 3000 人。与宴耆宿来自全国各地，年龄最高者为 106 岁，席间照例敬酒、和诗、赐杖。后一次还有外国使臣列席，嘉庆皇帝率众“衮衣彩舞，晋万万寿觞”。

明清皇宫中最主要的娱乐活动是看戏听曲。明代由礼部管理宫廷戏剧，最初只限于金元两代流传下来的院本，万历年间始命 300 人在玉熙宫学习民间的弋阳、海盐、昆山等戏，主要在皇帝进膳时演唱。神宗年轻时有一次正看戏娱乐，听见巡城御史的呵呼声，急忙下令停止演戏，说怕御史听见；中年以后却“疑深怒盛”，一次小太监唱曲走调，不仅遭到鞭打，还被神宗下令将头发割了以示惩罚。

成化年间，太监汪直受宪宗宠信，结党营私，掌西厂缇骑，滥捕大臣，众人敢怒不敢言。一次宫内演戏，太监阿丑扮一醉汉挡道，旁人告诉他“某某官员到”，阿丑不理；旁人又说“皇上到”，阿丑仍不顾；最后旁人说“汪总管到”，阿丑慌忙避让。旁人问：“你为什么不怕皇上却怕汪总管？”阿丑回答：“我只

懋勤殿

知有汪总管不知有皇上。”正在看戏的宪宗闻之心有所动，不久下诏革除汪直及其党羽官职。

明代紫禁城内没有专门的戏台。天启年间，熹宗常在懋勤殿看戏。一次演出《金牌记》，到疯僧骂秦桧一出，权监魏忠贤避入屏风后，不敢正视台上。熹宗发现后故意宣召他，客氏急忙替魏忠贤圆场。后来魏忠贤收买唱戏太监，在演出中夸赞自己内修朝政、外镇边疆，不愧为国家栋梁，熹宗竟也微笑着回顾魏忠贤以示肯定。文献记载，熹宗还亲自登台演出过《宋太祖夜访赵普》，扮演雪夜戎装的赵匡胤。熹宗不仅爱看戏、演戏，还亲自设计、制作、创演傀儡戏（木偶戏），他做的木偶高约二尺，有双臂但无腿足，均用油漆彩绘，每个木偶下面都用三尺多长的竹竿支撑着，又订制一个一丈见方的木池，用凳垫高，池内盛水，放鱼、蟹、藻，木池四周围以纱屏，以此作为木偶戏台，当时常演的剧目有《东方朔偷桃》《三宝太监下西洋》《八仙过海》《孙行者大闹龙宫》等，熹宗往往做得乐此不疲、看得如醉如痴。

清代在礼部之外另有乐部，简派通晓律吕的官员为乐部大臣，下辖神乐、升平两署，各设典署一名、署丞二名。清代是我国传统戏曲发展的重要时期，最初“不设教坊杂伎”，康熙年间设南府，始用太监演唱戏曲，皇帝曾亲自指导排练。乾隆年间始命苏州、扬州优伶进京承应，称景山“外学”，有别南府“内学”。乾隆皇帝常与翰林们一起观看戏班演出汉代东方朔、唐代十八学士等故事。乾隆五十五年（1790 年）为庆祝皇帝八旬万寿，四大徽班进京演出，轰动一时，标志着我国京剧的形成。道光时期封禁景山“外学”，裁退南方优伶，并以规模较小的升平署取代南府，但皇帝也曾亲自登台演戏。至咸丰年间宫内学戏又渐成风气。同治皇帝曾扮演《黄鹤楼》中的赵云，光绪皇帝曾为《金山寺》司鼓。慈禧太后更是酷爱京剧、精通唱腔，曾在升平署外用宁寿宫太监组成“普天同庆”戏班（即“本家班”），亲自指导排练，并亲自改编剧目，后来嫌宫内艺人水平低，又经常召民间专业戏班进宫演戏，当时众多名角均曾入宫承应。“同光十三绝”代表着京剧鼎盛时期的风采。

清代宫廷戏曲主要有：用于庆贺皇子诞生、贵妃册封、太后上徽号、皇帝出巡还宫等的“法宫雅奏”系列吉祥戏，用于庆贺皇帝、皇后、太后生日的“九九大庆”系列神仙戏，用于庆贺年节时令的“月令承应”系列太平戏，专在年终演出的连台本戏《劝善金科》（即《目连救母》），专在上元日演出的连台本戏《升平宝筏》（即《西游记》），此外还有在重大节庆演出的《鼎峙春秋》（即《三国志》）、《忠义璇图》（即《水浒传》）等连台本戏。

清代先后在紫禁城内建了 10 座各类戏台，现存 5 座，分为三种类型：三层大戏楼“畅音阁”用于重大节庆时演出连台本戏，漱芳斋室外大戏台、长春宫

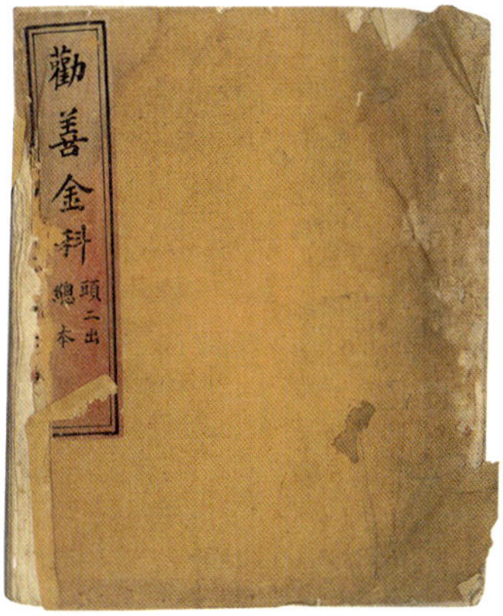

《劝善金科》

《升平宝筏》

抱厦戏台用于日常或宴饮演出戏剧，漱芳斋室内“风雅存”小戏台、倦勤斋室内小戏台用于伴膳唱曲。

畅音阁大戏楼为我国现存最大的宫廷戏台，上下共三层，分别称福台、禄台、寿台，三台的天花均可活动，成为天井，楼顶安装了辘轳，用于升降演员和道具，最下一层寿台地板下有一口水井，传说可增强演出音效，另有地道通后台。清代晚期同光年间，帝后逢重大节庆在此观赏诸如《升平宝筏》这样的吉祥题材连台本戏，届时皇帝坐戏楼对面阅是楼明间宝座，慈禧太后坐东次间，后妃坐西次间，陪侍的王公大臣则在东西两廊席地而坐，对年老体弱或不爱看戏的大臣来说，“危坐终日，腰膂不支”，无异于受罪。

漱芳斋室外大戏台为重檐攒尖顶，周围共 12 根立柱，檐柱皆绘彩画。台顶天花板内有升降辘轳，台后小楼为化妆换装之地。清末民初，众多京剧名角曾在此登台演出。

倦勤斋室内小戏台，形似攒尖顶方亭，对面为观戏的两层阁楼，周围是一

畅音阁戏曲馆展厅

幅与室内装修浑然一体的通景大画，顶棚绘藤萝架，北墙斑竹篱笆上挂紫藤花，墙后院内鹤舞鹊翔，充满生机，其画法兼具中国传统绘画和西洋绘画风格。

紫禁城内除大小戏台外，至今还保存着大量演戏用的行头（戏衣等）、切末（道具）、戏本、唱片、剧照等。寿康宫还曾收藏过数百幅咸丰以后升平署绘制的戏曲人物画。

与明代成化年间伶人阿丑讽谏立功相反，清代雍正年间有伶人获罪的事例。一次雍正皇帝观看戏剧《郑儋打子》，伶人唱演俱佳，皇帝特令赐食。扮演剧中常州刺史郑儋的伶人有点得意忘形，席间冒失发问："不知当今常州守官是谁？"雍正皇帝闻言勃然大怒："你这个下贱伶人怎敢擅问朝廷官守？"竟下令左右将

畅音阁后台戏衣道具

其当场杖死。可怜一语不慎，惨遭杀身之祸！据记载，光绪年间还曾有宫内优伶在汉口冒充当时被慈禧太后囚禁在瀛台的光绪皇帝，被张之洞识破问斩。

随着岁月的流逝，“舞榭歌台，风流总被雨打风吹去”。但徜徉其间，空荡荡的戏台似乎仍在回响着昔日的喧天鼓乐、舞动着逝去的风华霓裳。

负责管理宫廷日常生活的内府衙门，可能是明清两朝最为腐败的机构。《万历野获编》称明代二十四衙门“其名目最伙，其役日多，其费日繁，莫可稽核……无所措手。国计之匮，此第一漏卮也”。内府官员经常在外招摇撞骗，私开店铺，包揽词讼、钱粮等，大肆搜刮民脂民膏，假公济私通行，贪污浪费成风。弘治一朝内府每年用盐 17 万斤，而其后的正德时期就猛然上升至 35 万斤；当时有被称为“太监茶果”的运粮加耗，每石粮加收三厘九毫，一年可收 15 600 两白银，全部落入内府腰包。嘉靖初年曾重申禁令并派御史和厂卫缇骑缉查内府太监在宫外的私产，最后不了了之。

明代隆庆年间，一次穆宗想吃果饼，尚食监开了一张原料和设备单子，预算“其值数千金”，而穆宗为皇子时经常微服出宫购买，因此提示在东华门外勾栏胡同只要五钱银子就能买一大盒果饼，“何用多金”。

清代内务府变本加厉，对上欺瞒蒙蔽，对下巧取豪夺。乾隆年间，皇帝有次召见大学士汪由敦，问及其早朝前是否用餐，汪回答说因家境贫寒每天早晨只吃几个鸡蛋。乾隆皇帝闻之愕然，说：“鸡蛋一枚需十金，四枚则四十金矣，朕尚不敢如此纵欲，卿乃自言贫乎？！”汪由敦心知其中有鬼，只好解释：宫外卖的鸡蛋都是残破的，每个只值几文钱。

咸丰时期，上书房门轴坏了，内务府派人修理，竟报价 5000 两白银。咸丰皇帝闻之震怒，下令彻查惩办，结果内务府回报“五千”乃“五十”笔误，皇帝亦无可奈何。

光绪年间，军机大臣阎某听说内务府为慈禧太后承办 100 口皮箱，每口开价 60 两白银，就告知慈禧太后在外面购买每口最多只需 6 两。慈禧不信，限他半月之内代买 100 口。阎某对此信心十足，谁知出宫后寻遍北京城，所有皮箱店均事先受到太监威胁，一律关张半月。情急之下阎某欲派家人到天津采买，不料家人竟也被内务府太监收买潜逃。半月期限到后，阎某一筹莫展，最后不得不进宫告饶。

—— 第七章 ——

四海瑰宝荟天府

[书画，《清明上河图》卷；石鼓；陶瓷，宋代五大名窑，明清官窑；铜器；玉器，青玉大禹治水图山子；家具；雕漆；如意；金钟玉磬；珍宝；中外交流，西洋钟表；浩劫]

金玉珠宝，天下奇珍汇天府；铜瓷书画，人间杰作传后世。封建时代皇家的收藏乃是一个国家的历史财富、一个民族的文化结晶，绝非等闲玩赏之物，美轮美奂、价值连城自不待言，更有维系历史、传承文化的特殊功能。许多国之瑰宝都拥有曲折动人的传奇经历，常令后人唏嘘不已。

紫禁城是中华国宝荟萃的圣地，是传统文化艺术的殿堂。其收藏的珍宝地域覆盖广、时代跨度大、种类数量多、品质等级高。藏品来源主要有三：前代流传，清宫收藏可谓集北宋以来历代皇宫收藏之大成；内府制作，清宫造办处在太极殿南设如意馆，专事绘画装裱、雕琢玉器，也常在外定做加工;外来贡献，逢年过节各地照例进献奇珍异宝，朝贡贸易体制带来海外方物。

明清皇宫收藏历代书画约 16 万件，几乎涵盖此前各种质地、各种题材、各种画派作品，其中近 420 件元以前绘画、约 310 件元以前书法。我国现存最早的书法真迹西晋陆机《平复帖》、最著名的书法作品王羲之《兰亭序》早期最精摹本、最早的人物画之一东晋顾恺之《列女仁智图》早期摹本、最早的山水画隋代展子虔《游春图》、最早的纸本绘画真迹唐代韩滉《五牛图》、最早的帝王写真唐代阎立本《步辇图》、最早的成熟花鸟画五代黄筌《写生珍禽图》、近 12 米长的古代最长单卷绘画北宋王希孟《千里江山图》以及历史上一些书画家唯一存世的珍品等尽在其间，此外还有大量明清帝后肖像画、行乐图、纪实画、功臣像等。

北宋张择端《清明上河图》，堪称我国古代最著名的绘画杰作。它长 5.28 米，以写实主义的笔法、全景式的构图，细致描绘了北宋汴京清明时节汴河两岸的风土人情，无论郊野的乡路村树，还是汴河上下的舟船、虹桥、码头，或者街

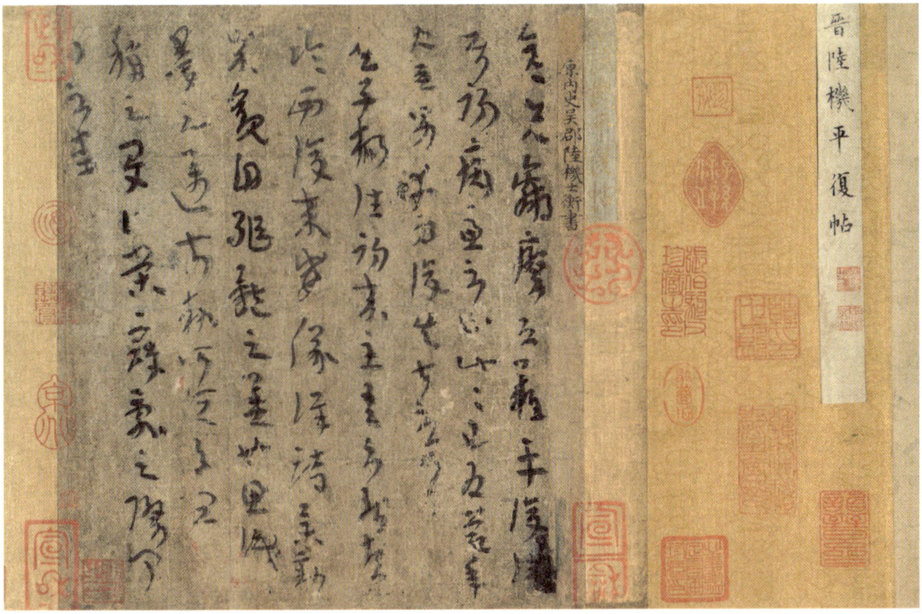

西晋　陆机《平复帖》卷

（传）东晋　顾恺之《洛神赋图》卷（局部）

北宋　王希孟《千里江山图》卷（局部）

北宋　张择端《清明上河图》卷（局部）

市鳞次栉比的店铺、车水马龙的商旅、熙熙攘攘的人流，“皆曲尽意态，毫发无遗，盖汴京盛时伟观，可按图而得”，“令人反复展玩，洞心骇目，阅者而神力欲耗，而作者精妙未穷，信千古之大观、人间之异宝”。据统计，全图共有550余人物、50余牲畜、20余车船。原图未署名，卷后有金代大定丙午年燕山人张著题跋，明载其为东武人张择端所作。有研究者认为现存作品并非完整卷，后有缺轶。

《清明上河图》自画成后入藏宋宫，金灭北宋后此画流入民间，元代二次进宫，至正年间一位宫廷装裱匠用摹本将真本偷换出宫，辗转售予杨准；明代此画先后归李东阳、王忬，嘉靖年间严世蕃强索，王进以赝品，被严察觉后怀恨加害，真品亦最终落入严家，后严嵩父子失宠削籍，此画被没入宫中；万历年间又被太监冯保偷盗出宫，冯还散布此画被小太监偷匿于地沟被雨水浸毁的故事以掩人耳目；清代先后由陆费墀、毕沅收藏，嘉庆年间毕沅卒后其家被抄，《清明上河图》再被没入宫中；民国成立后逊帝溥仪将其盗运出宫，后携往东北，抗日战争胜利后被东北博物馆接收，1955年被交换回故宫博物院珍藏。

现藏故宫博物院的10件石鼓，为春秋中晚期秦国遗物，每件直径约60厘

米、高约 1 米，鼓腹錾刻大篆猎碣，即石鼓文，内容是记述秦公率领人马在森林草原之间骑射打猎的情形。这是我国现存最早的石刻文字，其中第一号鼓（“车工”）首句与《诗经・小雅・车攻》起句“我车既攻，我马既同”一致。石鼓及其文字后来长期湮没不闻，沦为“牧童敲火牛砺角”之物。唐代初年始在天兴（今陕西宝鸡）发现 9 件并被移至凤翔，韩愈建议将其移至长安太学，未被朝廷采纳。宋仁宗时，向传师又寻访到另外 1 件，为第六号鼓（“乍原”），竟被凿为舂臼。宋徽宗将其一并迁移到汴京（今河南开封）辟雍并以金涂字，“靖康之变”后石鼓被金兵掳至燕京，后流散于民间。元代大德年间重新搜集安放于国学大成门。清代乾隆皇帝称之为“千秋法物”“艺林珍秘”。历代文人学者多有吟咏研究。石鼓文全文应为 600 余字，在宋代据欧阳修《集古录》记载尚存 465 字，至民国时仅存 325 字，其中第二号鼓（“汧殹”）文字最完整，第八号鼓（“马薦”）则已剥泐无字。

故宫博物院收藏陶瓷 37 万余件，其中约一半为明清皇宫旧藏。包括新石器时代的彩陶、三国两晋南北朝时期的青瓷、宋代五大名窑瓷器、明清官窑瓷器、

宋汝窑天青釉洗

宋钧窑天蓝釉炉

宋官窑青釉洗

宋哥窑青釉海棠花式盆

宋定窑白釉小碗

清代珐琅彩瓷器以及各地明清民窑瓷器和全国历代 100 多个窑址的瓷片标本等。

宋代五大名窑瓷器在紫禁城均有收藏。汝窑窑址在今河南宝丰，瓷器以“天青”玛瑙釉和细浅“蟹爪纹”开片为特点，全世界现存不到 100 件；官窑窑址在今河南开封和浙江杭州，瓷器以深而疏的“过岗”开片为特点；哥窑窑址至今不详，瓷器以满身粗细相间的“金丝铁线”开片和“紫口铁足”的护胎釉为特点；钧窑窑址在今河南禹县，瓷器以红蓝相间、变幻莫测的“窑变”釉色为特点；定窑窑址在今河北曲阳，瓷器以“象牙白”釉色为特点。

清乾隆金嵌珠石金瓯永固杯

明清官窑瓷器更是集中收藏在紫禁城内。无论是明代代表青花瓷最高水平的永宣青花瓷、釉下青花与釉上彩争奇斗艳的成化斗彩瓷、充满宗教特色的嘉靖青花和五彩瓷，还是清代推陈出新的康熙五彩瓷、洋为中用的雍正粉彩瓷、富丽精巧的乾隆仿质瓷和像生瓷，绝大部分精品都收藏在明清皇宫内。还有许多独一无二的珍品，如象征国家统一的金瓯永固杯、集十几种釉彩于一身的各色釉彩大瓶（“瓷母”）等。

清乾隆各色釉彩大瓶

明清宫廷还流行铜胎掐丝珐琅和瓷胎画珐琅。前者即“大食窑”，元代从阿拉伯地区传入中国，以铜制胎，经掐丝、焊烧、填料、烧制、磨平，质坚色艳，至明代景泰年间盛行，故通称景泰蓝。后者即珐琅彩瓷器，清代康熙年间将中国瓷器与西洋彩料结合制成，先由景德镇高温烧制白瓷胎，再由宫廷画师在器上绘制山水、人物、花卉等图案，最后交内务府珐琅作低温烧成，中西合璧，高贵典雅，被誉为“彩瓷皇后”。

清金寿字盆红宝石梅花盆景

铜器自古为帝王之器，是“国之大事，在祀与戎”的体现。明清皇宫收藏历代铜器近 16 万件，其中先秦铜器约 1 万件，包括 1600 件先秦有铭铜器，居国内外首位。器类包括食器、酒器、水器、乐器、兵器、饰件等，不乏各时代有代表性的器物，如：夏代的网纹斝，造型纹饰简约大方；商代的三羊尊，腹部和足部饰细密的兽面纹，肩部浮雕三只卷角羊头；西周的颂鼎，素面无纹，内壁有长篇铭文。后来又有一些珍品入藏故宫博物院，如：春秋时期的莲鹤方壶，造型复杂优美，下部厚重，鼓腹方足，兽足兽耳，上部轻灵，莲瓣盛开，仙鹤展翅欲飞；战国时期的宴乐渔猎攻战纹图壶，嵌错和刻镂了当时贵族宴饮、乐舞、射猎、征战的场景。

紫禁城内收藏了近 3 万件玉器，既有前代流传的旧藏，如汉代夔凤纹玉樽等，更有明清两朝的新作，如明代竹筒形玉杯、清乾隆白玉桐荫仕女图山子、仿生

清乾隆白玉桐荫仕女图山子

清乾隆青玉大禹治水图山子（局部）

玉“翠玉白菜”等，而清宫创制的几座大型玉山更为世所罕见。清乾隆青玉大禹治水图山子，高 2.24 米，宽 0.96 米，重约 5350 千克，是我国古代最高大、最精美的玉器，再现了远古时代大禹率众人改造山河的壮阔场景。玉料是乾隆四十三年（1778 年）采自新疆和田密勒塔山（在今叶城境内），运到北京后由内务府画工据宫内藏画《大禹治水图》制成蜡样和木样，与玉料一起运往扬州，汇集苏、扬两地玉雕名匠精心雕琢而成，前后历时十年，费时 15 万个工日，耗银 1.5 万两。另有“关山行旅”玉山、“会昌九老”玉山和福海大玉瓮等大型玉器。

紫禁城内有大量明清两代的桌、椅、案、几、床、榻、屏、箱、柜、架等家具，材质有紫檀木、花梨木、酸枝木（即红木）、楠木、沉香木、松木、柏木、椴木、榆木等。明代隆庆年间，海禁大开，黄花梨、紫檀等木材大量输入，硬木家具从此开始流行，明清皇宫成为我国名贵木材家具最集中的地方。宫廷家具大都色泽厚重，造型沉稳，如紫檀龙柜，柜门以高浮雕云龙装饰，刀工精湛，造型生动，一般成对地配置在宝座或屏风两侧。明代各宫殿家具陈设较疏朗，清代家具陈设较繁复，且各宫殿家具陈设的种类和数量有等级差别。

明代永乐、宣德年间设果园厂漆作坊。产品有单色漆器、彩绘与描金漆器、

明宣德剔彩林檎双鹂图捧盒

填漆与戗金漆器、嵌螺钿漆器、百宝嵌漆器和雕漆漆器等种类，其中雕漆在民间较少见，是富有宫廷特色的漆器。雕漆分为剔红、剔黑、剔黄、剔彩、剔犀等，是将各色漆一层层涂在器胎上，待积累到一定厚度后，再用刀雕出各种花纹。雕漆工艺始于唐，兴于明，盛于清。大如屏风、几榻，小至玩具，皆经制胎、打底、上漆、雕花、晾干、磨光等工序，“做一器之成，有费时数月，或一年以上者”。

紫禁城收藏各种如意近 3000 柄，质地有金、银、铜、铁、瓷、玉石、珐琅、竹木、珊瑚等。如意，一说源于灵芝，一说来自抓挠，清宫视为吉祥物，但乾隆皇帝亦知“期如意岂易如意”。

清宫有一套金编钟和一套玉编磬，可谓“金声玉振”皆备。金编钟共 16 枚，是乾隆五十五年（1790 年）为庆祝皇帝 80 岁寿诞而制，共用黄金 11 439 两，各钟大小相同，高 23.8 厘米，圆径 16.1 厘米，均浮雕云龙戏珠纹饰，但厚薄不一，厚的音高，薄的音低，能发出 12 个正律和 4 个清音或倍律。玉编磬共 12 枚，

清康熙翠玉灵芝如意

是乾隆二十六年（1761 年）用新疆和田玉制成。

此外，明清皇宫中还有大量其他珍宝，例如：我国古代最重的金塔，高约 1.5 米，重 100 多千克，是乾隆皇帝特制用于存放母亲生前梳落的头发以示孝敬和怀念；工艺已经失传的象牙席，长 216 厘米，宽 139 厘米，是将特殊处理过的象牙劈成 0.1 厘米厚、0.2 厘米宽的细条，再纵横编织而成；价值连城的红宝石“梅花盆景”，用 1000 多颗红宝石作梅花瓣，黄金作

清乾隆金编钟（太簇）

花萼制成；我国现存传世最久的唐代古琴等。

紫禁城的收藏是国际性的。在明清朝贡贸易体制下，海外方物源源不断进入宫内，亦有不少是内务府或广州十三行采购、进献的。如：朝鲜的高丽纸，“厚逾五铢钱，白如截肪切玉……毫颖所至，锋不留行，真可贵尚，独稍不宜于画”；日本的折扇，“乌木柄泥金面者颇精丽”；中亚的毡毯，织工精细；东南亚的象牙、硬木，皆为良材。

明代天启、崇祯年间，一批西方耶稣会士来华传教，带来了西方的先进科技，西方天文、舆地、数学、历法、兵器等知识被介绍引进，形成了中西文化交流的一个高潮；清代康、雍、乾时期，工业革命后的西方资本主义蓬勃发展，大量商品开始倾销到世界各地，西洋钟表、乐器、玩具等也成为紫禁城内的时髦消费品，留下了大量实物，乾隆年间还组建了一支 14 人的宫廷西洋管弦乐队。

清乾隆铜镀金写字人钟

紫禁城内收藏了大量 18、19 世纪的西洋珍贵钟表。如：清乾隆铜镀金写字人钟，高 2.31 米，钟亭内有一西装革履的机器人，能随着发条的转动，书写“八方向化，九土来王”等汉字，字体工整，运笔规范，令人称奇；清铜镀金象拉战车乐钟，长 1.36 米，高 0.72 米，象的鼻、尾均能活动，战车轮子能转动，象、车上共载有 10 余名士兵，有的擎旗，有的司号，有的瞭望，有的荷矛，整体造型生动，极富观赏性。

与西方的交流似乎还在一定程度上影响着历史的进程。例如：明代天启六年（1626 年），袁崇焕在宁远城用“红夷大炮”

击退了来犯的后金兵，努尔哈赤第一次尝到了战败的滋味，不久去世；崇祯年间，明朝廷从澳门组建了一支以葡萄牙人为主的雇佣军，装备佛郎机炮、毛瑟枪，北上至涿州时与一队清军遭遇并依靠西洋战术及火器击溃了清军，但在守旧的朝臣和自私的广州商人们联合反对下，皇帝不得不下令将这支雇佣军遣散，200年后清廷雇佣的几支洋枪队在镇压太平天国过程中却发挥了重要作用。

紫禁城的珍宝曾经历过多次浩劫：明清两朝因雷电、照明、取暖、观花灯、放烟火等原因先后酿成过 50 余次较大的火灾，无数珍宝随建筑灰飞烟灭；明末清初的战乱和八国联军占领北京并入侵紫禁城，大量珍宝因此流散遗失；嘉庆年间将乾隆皇帝搜集的大批珍宝贮藏在建福宫花园各建筑内，1923 年花园失火，据内务府开具的清单称，烧毁了 10 余座亭台楼阁及其收藏的金佛 2665 尊、书画 1157 件、古玩 435 件、古籍善本数万册等；故宫博物院成立前夕，逊帝溥仪将大量书画珍宝以赏赐为名盗运出宫，后在伪满洲国覆灭时多有散失。

清铜镀金象拉战车乐钟

—— 第八章 ——

金匮石室阅华章

[《永乐大典》，武英殿修书处，殿本，铜活字，聚珍版；《四库全书》；其他修书机构，方略馆，御书处，国史馆；文渊阁藏书楼；其他藏书处，昭仁殿“天禄琳琅”，摛藻堂“四库荟要”，继德堂“宛委别藏”]

著书、读书、藏书是我们民族的传统，虽然也屡屡焚书。书中岂止有黄金屋、千钟粟、颜如玉啊，书中不仅折射着我们民族的灵魂，而且还昭示着我们国家的命运。坐拥书城是读书人的梦想，可谁家藏书能与帝王汗牛充栋的收藏相比呢！而有一个爱著书、读书、藏书的皇帝也未尝不是国家和民族的幸运。

我国自古有著书、藏书的传统。传说上古时代有三坟、五典、八索、九丘等古籍。先秦以来，天下之书多藏于宫廷，民间仅有少量传抄者;秦代焚书坑儒，文脉几绝，所幸秦祚不长，元气始复；汉代天禄、石渠之阁，有“七略”之藏数万卷；魏、晋时代有三阁为皇家藏图楼，梁有“七录”之藏数万卷。印刷术发明后，书籍普及，民间藏书才蔚为大观，坐拥书城者比比皆是，但若论藏书种类之全、卷帙之富、版本之善、刻写之精，无过于宫廷者。唐代宫廷“集贤书院”首设经、史、子、集四库；宋代建崇文院，宋太宗亲自设计督造，“轮奂壮丽，甲于内廷”，分为昭文、集贤、史馆三部分，至宣和年间藏书已达百万卷，靖康之变后被金兵从汴梁运到燕京，经元入明，最初收藏在紫禁城内的质慎库。

明代宫廷修书规模很小，修书机构“经厂”设于宫外。但永乐元年（1403 年）至永乐五年（1407 年）由解缙、姚广孝等主编的《永乐大典》共收各类图书近 8000 种，总计 22 937 卷（含凡例、目录 60 卷）、11 095 册、3.7 亿字，是我国最大的一部类书。定都北京后移藏于紫禁城文楼即体仁阁（一说藏于乾清宫）。嘉靖、隆庆年间重录正副两部，正本藏于文渊阁，副本藏于皇史宬，永乐原本送回南京收藏。后因明末清初战乱、清晚期太平天国运动、八国联军入侵北京以及防不胜防的火灾，南京和皇史宬两部均毁，文渊阁本劫后余存改藏翰林院书库，又遭斯文败类监守自盗，书册星散，至清末民初仅存 300 余册。

武英殿全景鸟瞰图

紫禁城内最著名的修书处是武英殿。明代武英殿后有仁智殿，本为太监受贺及帝后发丧之处，平时诸如画工、抄书工等“凡杂流以技艺进者，俱隶仁智殿”，称“仁智殿办事”，从事刊刻书籍、绘制屏风扇面等。成化年间，逐渐以武英殿之名取代了仁智殿。

明代末代皇帝思宗嗜好读书，遍览宫中所藏经史，并谕令内府每月采买两部书籍以供御览。清代皇帝除巡狩斋戒之外，每天早膳之后照例阅读列朝实录一卷，以示法祖。

康熙十九年（1680 年）诏设武英殿修书处，以其 63 间殿堂作为皇家出版机构，由内务府王大臣任总管，下设提调、总纂、纂修、协修等官和校录、收掌、装订之员，最多时达千人，所出书籍纸、墨俱佳，缮写、校勘、雕版、印刷、装帧无一不精，质量不亚宋版善本，具有很高的声誉，当时就通称为“殿本”。康熙皇帝命武英殿修书处工匠雕铸铜活字近百万枚，并用其排印了《御制律吕正义》等书籍，又从康熙四十年（1701 年）至康熙四十五年（1706 年）历时五年编成《钦定古今图书集成》，这是我国历史上仅次于《永乐大典》的第二大类书。雍正三年（1725 年）用铜活字排印了 64 部《钦定古今图书集成》，计每部 1 万卷、1 亿余字。

但是由于雕版印刷和抄写已经发展成人工成本很低的成熟行业，而新兴的活字印刷还存在检索、排版工序相对复杂等问题，当时书籍仍以雕版印刷或抄写为主，例如《佩文韵府》《康熙字典》和满汉文《大藏经》等，铜活字长期闲置不用，贮存在偏殿。后来部分铜活字陆续被盗，主管官员发现后担心被追究责任，于是趁乾隆初年币值高、京城闹“钱荒”之际，奏请将铜活字全部熔毁铸钱。当时铜价昂贵，甚至连皇宫内废弃水沟里的铜管都被挖出来回炉，因此乾隆皇帝准奏，旋即后悔，但为时已晚。一说铜活字是被掌管修书处的和亲王熔毁铸成宫廷和王府的铜狮、铜炉了，乾隆皇帝还为此下旨责罚和亲王。乾隆三十九年（1774 年），皇帝下令雕刻 25 万枚木活字，用于排印书籍，乾隆、嘉庆两朝共用木活字排印了 140 余种书籍，统称“聚珍版”。遗憾的是，这些木活字后来也长期闲置，最终据说因某年冬季严寒，取暖木炭不足，竟被宫内人员私下用于烧火取暖了。

据统计，有清一代，武英殿修书处共编印刊刻各类书籍约 700 种，其中康熙年间约 100 种，乾隆年间约 500 种，包括典则类、史学类、仪象类、志乘类、字学类、类纂类、丛书类、校勘类、目录类、类书类等，不少是卷帙浩繁的大部头。这些整理、刊印使大量古代典籍得以“流传海内，嘉惠艺林”。

当时，武英殿不仅是编书、印书之地，而且也是焚书之所。例如，乾隆年间编修《四库全书》时，“寓禁于征”，就有许多禁毁书籍根据皇帝的谕令“在

木活字戳

《四库全书考证》

武英殿字炉尽数销毁”，而全国被查禁、销毁或删改的书籍共计近3000种约6万卷，“种数几与四库现收书相埒”。

《四库全书》从乾隆三十八年（1773年）至乾隆四十七年（1782年）历时10年编成，按照唐代集贤院的分类法，全书分为经、史、子、集四部，据文津阁藏本，共收录3462种图书，共计79 338卷，装订为36 000余册，总计约8亿字，是我国历史上规模最大的一部丛书。

乾隆三十八年（1773年）专门设立了四库全书馆，由和珅、纪昀（晓岚）主持，设总裁、副总裁、总纂、提调、总阅、总校、缮写、监督各级官员和分校、纂修、誊录等职员，先后共有4300多人参与其中。乾隆皇帝对《四库全书》的编纂工作督察极严，不少官员因过失疏漏被罚俸甚至夺职，例如充任四库全书副总裁及总校的陆费墀就因书有讹谬而遭夺职、籍没家产，旋即去世。馆内官员多为进士出身，唯余集、周永年、戴震并无进士功名，是由大学士举荐入馆分任编修和庶吉士。

《四库全书》编成后，每部分装6750函，全部用朱丝栏白榜纸抄写，以四种不同颜色的丝绢包书皮区分经、史、子、集四部。所有书都放在楠木匣中，再排列在书架上。乾隆皇帝下令缮写四份，并在宫内重建文渊阁、在沈阳建文溯阁、在圆明园建文源阁、在避暑山庄建文津阁，分别庋藏，即“北四阁”，后又谕令再缮写三份，藏于扬州大观堂文汇阁、镇江金山寺文宗阁、杭州圣因寺文澜阁，即“南三阁”，其中以文渊阁藏本为最精。

为庆贺《四库全书》告成，乾隆皇帝特地在文渊阁内外筵宴自总裁以下86名有功之臣，并在院中搭台演戏，命诸皇子率御前侍卫给诸臣敬酒，又赏赐如意、绸缎、玉佩和文房四宝等，以示嘉勉。

道光二十年（1840年）以后，武英殿作为修书处名存实亡。同治八年（1869年），武英殿发生火灾，烧毁了一半建筑，“书籍版片焚毁殆尽”。

文渊阁皇帝读书处

除武英殿外，紫禁城内还有其他修书机构，如：武英殿以北有方略馆，“以枢臣总领，于事无所不当问”，每逢重大战役之后，均在此纂修方略，详载决策始末，兼歌功颂德；西华门内以南有御书处，掌“恭刻御制诗文法帖”，原有皇帝、大臣所书石刻共 3926 块；东华门内以北有国史馆，乾隆皇帝下令根据实录、档册的记载将康熙皇帝钦定的《三朝功臣传》和雍正皇帝钦定的《八旗通志》重新进行修订，并撰修《王公功绩表传》《恩封王公表》《蒙古回部王公表传》等，嘉庆年间又下令补修诸帝本纪、天文志、地理志、儒林传、列女传等，构成了比较完备的清代国史体系，此后以 10 年为一个循环进行修史。

除修书处外，紫禁城内还有许多藏书处，最著名的是文渊阁。

明代文渊阁的位置在紫禁城东南角一带。明宣宗有御制诗：“秘阁宏开当巽隅，充栋之积皆图书。仙家蓬山此其处，上与东壁星相符。”文献记载为 10 间黄瓦覆盖的无窗砖室，“清严邃密”，收藏多为宋元刻本或抄本（应为质慎库藏书），同时也是当时殿阁大学士们参政议事的场所。文渊阁在正德四年（1509 年）发生火灾，收藏的历代图书典籍损失惨重，残存的书籍被转移收藏于古今通集库（即清代銮驾库）。

御笔菩提叶笺心经并题句

清代乾隆年间在文华殿北面仿宁波天一阁样式另建文渊阁，用于收藏四库全书，而将明代文渊阁作为内阁大库，储存清宫各种文献、案卷、典册、书籍。清代文渊阁为歇山顶，龙形正脊，覆黑色琉璃瓦，绿剪边。阁前后有廊，面阔 33 米，进深 14 米，外观为上下两层，内部实为三层，井口天花为金莲水草纹饰，额枋用苏式彩画绘河马负图、翰墨书卷等图案。阁内下层中间设有御座、屏风、案几、香炉等，两侧放置《古今图书集成》和《四库全书》经部书 20 架，中层放置史部书 33 架，上层放子部书 22 架和集部书 28 架。阁前有方池蓄水防火，与金水河相通，池上有石桥。阁后有假山松柏。阁东侧的碑亭为驼峰式脊，四角攒尖，翼角反翘，是宫中罕见的江南形制建筑，亭内有碑，阳面刻有乾隆《文渊阁记》，阴面刻有乾隆《文渊阁赐宴诗》。

乾隆九年（1744 年）以后，陆续从宫内藏书中精选宋、金、元、明各朝刊本、抄本 400 余部收藏于乾清宫东侧的昭仁殿，并取汉代藏书的天禄阁之名，命名为“天禄琳琅”，成为清宫的善本书库。嘉庆二年（1797 年）乾清宫火灾殃及昭仁殿，“天禄琳琅”藏书焚毁殆尽，后重辑“天禄琳琅”600 余部。昭仁殿后殿“五经萃室”，是乾隆皇帝庋藏传为南宋岳珂校刻（实为元代岳氏所刻）的“相台五经”之所，同样毁于嘉庆二年火灾。

当《四库全书》尚未编订、缮写完毕时，乾隆皇帝因年事渐高，恐不能亲见完成，故命先择精本缮写二份，篇幅约为《四库全书》的三分之一，题名《四库全书荟要》，分藏紫禁城御花园的摛藻堂和圆明园。

此外，嘉庆皇帝在毓庆宫继德堂西暖阁收藏《四库全书》未录之书，命名为“宛委别藏”。

紫禁城内还有许多配殿、庑房、暖室都曾用作“四壁图书鉴今古”的书房。

尽管屡经流失、迁移、调拨，紫禁城内至今仍存 20 余万件古籍善本，多为明清两朝皇家藏书的精华，其中不少为存世孤品，如：龙鳞装（旋风装）唯一存世实物唐写本《刊谬补缺切韵》、乾隆皇帝菩提叶写经《御笔心经》、菩提叶彩绘本《波罗密多心经》、蝴蝶装清写本《御制资政要览》、包背装红绫本《大清皇帝圣训》、经叶装精写本《御书金刚经》、清宫彩绘内府本《皇舆十排全图》等。

第九章

古来大隐隐于朝

[护城河；角楼；内金水河，断虹桥；花园建筑；古树；珍禽异兽；御花园，亭，灵柏，连理树，石子镶嵌画路；慈宁宫花园；建福宫花园，“四美”；宁寿宫花园]

仿佛仙山楼阁，巧夺天工，不是蓬莱更胜蓬莱；恰似禅隐洞天，野逸旷达，不是桃源胜似桃源。蓝天白云，黄瓦红墙，白台青砖，起居其内，何必做天上神仙；假山怪树，奇花异草，珍禽灵兽，徜徉其间，方才羡人间至尊。

雄伟壮丽的紫禁城四周环绕着宽阔的护城河，蓝天白云，黄瓦灰墙，倒映在波光粼粼的水中，宛如传说中的海上仙山。

护城河之水源于玉泉山，经积水潭、北海，由紫禁城西北角流入护城河，再分别从紫禁城西南角经社稷坛入外金水河、从东南角经太庙入御河。这一泓清水不仅成为皇宫的重要屏障，也给壁垒森严的紫禁城平添了几分灵气。护城河从明代天启年间开始栽种荷花，从此直到清末，河中养莲，岸上植柳，“万树垂杨拂地生，东风不断早莺声。楼台金碧春波绿，疏雨和烟画禁城”。每到盛夏时节，荷花朵朵，杨柳依依，“好是南风吹薄暮，藕花香拂白鸥眠”，风光旖旎，美不胜收。入夜又是另一番景致，护城河与城墙之间的围房上灯，月光、灯光倒映河中，上下交相辉映，使紫禁城笼罩在一派迷蒙的温情之中。

紫禁城城墙四角各有一座角楼，高 27.5 米，鎏金宝顶之下，由上层两个单檐歇山顶和下层四个重檐歇山顶组合成复杂的三重檐多角亭结构，俗称“九梁十八柱七十二条脊”，是我国传统斗拱已知最复杂的应用，翼上共有 230 只檐角兽，檐下为菱花式门窗。其构造十分奇巧，无论从哪个方向看都是正立面，而且室内不见一根柱子，室外不见一个梁头，整体造型轻盈飘逸、玲珑剔透、美轮美奂、巧夺天工，堪称中国古代最优美的建筑之一，纵有天上宫阙亦不过如此吧。

角楼雪景

紫禁城内外各有一条金水河，其中内金水河全长约 2 千米，从紫禁城西北角流入宫内，由北往南如飞流直下，三叠（折）之后在西华门内改为自西向东，蜿蜒灵动如游龙，或宽或窄，时隐时现，绕过武英殿、太和门广场、文渊阁、

断虹桥

清史馆，从东华门内往南出紫禁城，座座汉白玉石桥恰似锁龙银扣，欲把这条游龙留在龙庭。

内金水河的重要，《明宫史》一语道破：“是河也，非谓鱼泳在藻，以恣游赏；又非故为转折，以耗物料，盖恐有意外回禄之变，则此水尽可赖焉。（天启四年，六科廊灾；六年，武英殿西油漆作灾，皆得此水之济。而鼎建皇极等殿大工，凡灰泥等项，皆用此水，回想祖宗设立，良有深意。）”而且内金水河还是皇宫排水泄雨的主渠道，宫内 90 余座大小院落各有排水沟渠，利用北高南低之势，均排入内金水河，再顺河出宫。

内金水河上约有 10 余座汉白玉石桥，除太和门广场的金水桥外，最著名的当属武英殿东面的断虹桥。这座桥建于明代初年，桥四角各蹲一只独角兽（叭

慈宁宫花园

嗄），两侧栏板雕刻二龙戏珠图案，柱头均为各种造型的精美石狮，其中一只蹲狮一爪摸头一爪捂腹，据说清代道光皇帝每次经过这儿都不禁想起被自己失脚踢在胸部致死的皇子奕纬。断虹桥北面有 18 棵宫槐（即国槐），传说是元代遗留的，称“紫禁十八槐”，夏天别有一番幽凉景致。

古人云：“大隐隐于朝，中隐隐于市，小隐隐于野。”紫禁城内以御花园为主的皇家园林无疑就是“大隐隐于朝”的直接体现。在清代御制诗联中，曾分别将慈宁宫花园和建福宫花园比作蓬莱仙界。

明清两朝先后在紫禁城内建了四座花园，即：御花园、慈宁宫花园、建福宫花园、宁寿宫花园，共占地 29 220 平方米，全部分布在后宫，成为帝后妃嫔们日常游憩之地。这些花园的最大特点，是以建筑景观为主，自然景观为辅。

如御花园的建筑占全园面积的三分之一，宁寿宫花园和建福宫花园的建筑更是占全园面积的二分之一，只有慈宁宫花园稍显疏朗，建筑只占全园面积的五分之一。为避免呆板，园内建筑在类型、式样、装饰等方面多有变化，如建筑类型有殿堂、楼阁、馆舍、亭台等，屋顶形式有歇山、盝顶、卷棚、攒尖等，平面形状有方形、“十”字形、八角形、曲尺形等，装饰色彩有红、黄、蓝、绿、紫等。其中，方亭是各处花园中最常见的建筑之一，“亭者，停也”，能在园林景观中起截长补短、承上启下、转换变化等作用。

建筑之外，照例叠石、凿池、栽树、莳花。山水花木或置于宫殿之间，或置于楼台周围。由于面积有限、空间宝贵，因此讲究紧凑曲折、小中见大，所谓“一勺代水，一拳代山”，演绎崇山峻岭、茂林修竹等，妙在似与不似之间。各花园中本无河流，遂用凿池引水或掘井提水等方式代替，不过为何不让内金水河流经后宫仍是一个谜（也许是为了防止重现唐代宫女红叶题诗、漂流宫外之事吧）；紫禁城内亦无山，即用嶙峋怪石堆筑假山，山石“如虬如凤，若静若动，将翔将踊，如鬼如兽，若行若骤，将攫将斗”。

无树不成园。紫禁城内现存古树名木 446 棵，其中树龄 300 年以上的一级古树名木 107 棵，树龄 100 年以上 300 年以下的古树名木 339 棵，树种有侧柏、桧柏、白皮松、油松、国槐、银杏、楸树、蒙椴、龙爪槐、黑枣树、桂树等，松柏和银杏象征福寿长在，古语“如松柏之茂，无不尔或承”，槐树和桂树代表学优仕顺，古语“门第常新，足兆三槐之瑞；人文蔚起，高拔五桂之芳”。这些树木中有 217 棵（其中 300 年以上的一级树 67 棵，100 年以上 300 年以下的二级树 150 棵）分布在四处花园内。

在这世外桃源里，建筑，或上下错落，或左右对称；山势，或悬崖峭壁，或山峦逶迤；树木，或茂密幽深，或疏朗点缀；小径，或曲径通幽，或台阶攀援。总之讲求取法自然，“虽由人作，宛自天开”，相映成趣，各得其妙。

文绣逗猫

明清皇宫内还有不少珍禽异兽，有的是各地进贡，有的是梧桐引凤。明代紫禁城内除了正德年间著名的豹房外，还有百鸟房，“海外珍禽，靡所不备”。帝王后妃则最爱养猫，明世宗喜爱的一只狮子猫生前被御封为“虬龙”，死后竟以金棺殓葬。明宣宗“斗鸡走马……亦豢驯鸽”，然而最爱好的是斗蟋蟀，宣德九年（1434 年）皇帝曾下令苏州官员协助太监采办 1000 头蟋蟀（促织）入宫，时谚“促织瞿瞿叫，宣德皇帝要”，地方官吏趁机鱼肉百姓，史载当时“苏人至有以一蟋蟀陨其家三命者”。清代乾隆年间，宫内驯养着驯鸽、锦鸡、画眉、鹦鹉、海东青、太平鸟、狗头雕、金钱鸡、火鸡等，御制诗记载“负冰锦鬣游文沼，试暖文禽绕画堂”。由于清代视乌鸦为神鸟，紫禁城也成了乌鸦的乐园，日暮时分群鸦在落日映衬下盘旋回宫已成为紫禁城一景。此外，一些偏僻多树的庭院还潜藏着狐狸、猫头鹰、黄鼠狼、野猫等生灵，清代乾隆年间内阁遗失银印、道光年间遗失金叶表文，均被怀疑为它们所为。据记载，清代东华门内国史馆紧靠着城墙的书库中还曾穴居着一条 10 余丈的巨蟒，有次蟒蛇顺着树干爬到城墙上，尾巴一直拖到书库外。

御花园是皇宫最大的花园，面积 1.2 万平方米，呈横长方形，始建于明代景泰年间，时称宫后苑。园内共有 20 多座建筑，讲究左右对称或互补，其中仅亭就有 12 座，大都以钦安殿为中心，左右对称布置在御花园东西两侧。御景亭矗立于山巅，是园内最高的建筑；浮碧亭与澄瑞亭横跨水池，池中游鱼往来倏忽；千秋亭和万春亭平面呈“十”字多角形，上圆下方四面出厦，顶部两重檐，下层单坡庑殿顶，上层圆攒尖顶；玉翠亭与凝香亭方形四柱攒尖顶，亭顶黄、蓝、绿三色琉璃瓦相间，独具特色。

“片山有致，寸石生情”。堆于明代万历年间的堆秀山，是御花园的制高点，每逢重阳佳节，皇帝常与后妃们一起登高赏景。园内还有三尊奇石：天一门东侧的海参石，表面有许多海参状条块；天一门西侧的拜斗石，有形似诸葛拜北斗之图案；绛雪轩前的木变石，是一块松树化石。

园中古树以柏树最多，苍松翠柏，枝繁叶茂；参天古木，虬干蟠枝。摛藻堂西侧的古柏可能是紫禁城内最古老的树，乾隆皇帝有“摛藻堂边一株柏，根盘厚地枝拏天。八千春秋仅传说，厥寿少当四百年”的诗句。传说乾隆年间翠华南巡时，此柏一度枯萎，而正在江南的皇帝却感到似乎有树随身遮住阳光，回宫后此柏又复苏，因此大家都说它是跟随皇帝下江南了，乾隆皇帝很高兴，称之为“灵柏”，封其为“遮荫侯”。

御花园内有两株“连理树”，均位于皇宫中轴线上。我国汉代即有“王者德化洽八方，合为一家，则木连理”之说，唐代以后更以“在天愿作比翼鸟，在地愿为连理枝”寄托了天下无数痴情男女的爱情理想。

绛雪轩前原有五株海棠，而且是“海棠四品”中最名贵的西府海棠，轩因之而建且因之而名，后海棠枯死，改种太平花。御花园中的名贵树木还有卧龙松、龙爪槐等，其中园东南角和西南角的“蟠龙槐”为北京龙爪槐之最。园中还有珍稀的黑牡丹等奇花异草。

御花园中有一条石子镶嵌图画甬道，是用不同颜色的小石子拼嵌出《三国

堆秀山

连理树

绛雪轩

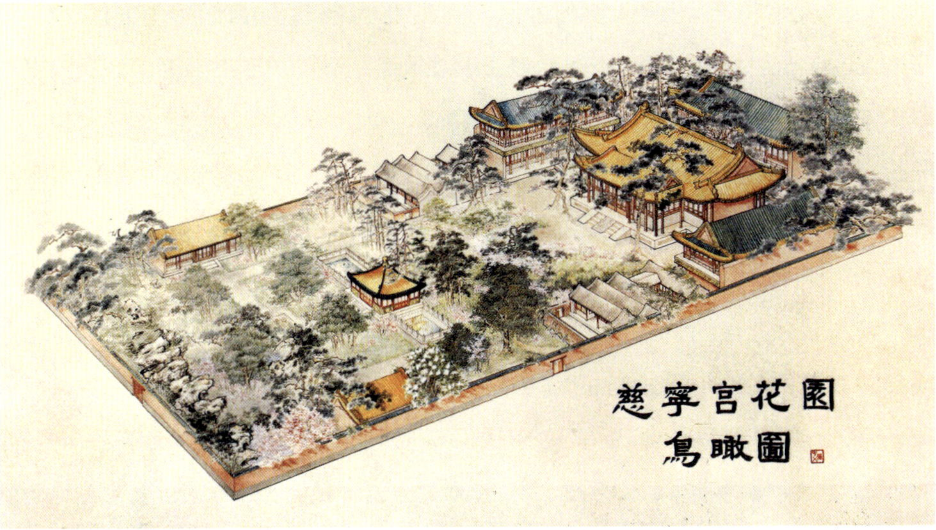

慈宁宫花园鸟瞰图

演义》《聊斋志异》和民间传说中的故事场景，犹如将多幅图裱在一起的卷轴画。不过，石子拼嵌的传说，哪有紫禁城中发生的真实故事生动？

慈宁宫花园呈纵长方形，面积 6800 平方米，位于紫禁城西部慈宁宫南面，是皇宫内最为空旷疏朗的花园，也是佛堂最集中的地区之一，点缀着咸若馆、慈荫楼、宝相楼、吉云楼等佛堂。遥想当年西风中夕阳下，伴着诵经声和鸽哨声，人生迟暮的后妃们踽踽行走在香火弥散的园中，一幅肃穆萧瑟的景象。

慈宁宫花园南部有临溪亭，建于桥上，桥下有鱼池。亭南北各有一座花坛，种植牡丹、芍药等。临溪亭南面有两棵银杏树。乾隆皇帝为花园内的延寿堂御题对联："梳翎闲看松间鹤，送响时闻院外钟。"

紫禁城西北部的建福宫花园建于清代乾隆时期，因其东南面皇帝"以备慈躬或不豫，为日夜侍奉汤药之所"的建福宫而得名，又称西花园，面积 4020 平方米，呈曲尺形不对称格局。这里原是乾西五所的四所和五所，与"潜龙邸"

二所（重华宫）相近，乾隆皇帝继位后，将其改建为花园，“新宫落初，玉戺金铺……于时而春，览生意而欣欣；于时而夏，远烦暑而洒洒”，“嘉卉旖旎，珍木扶疏”。园内的静怡轩曾是乾隆皇帝喜爱的夏日寝室，有御制诗“只有静怡犹爽凉”，乾隆皇帝还将自己珍爱的顾恺之《女史箴图》和传为李公麟的《蜀江》《九歌》《潇湘》四幅名画收藏于此，称为“四美”，与“三希”相应。1923 年，逊帝溥仪“暂居宫禁”期间，建福宫花园被火灾夷为平地。

紫禁城东北部的宁寿宫花园因属于宁寿宫建筑群的一部分而得名，俗称乾隆花园，面积 6400 平方米，为前后四进院的长条形布局。乾隆皇帝曾许愿：如果长寿，一定于在位 60 年时归政退隐（以不超过康熙皇帝在位 61 年之数）。宁

禊赏亭内流杯渠

寿宫花园就是为其预建的太上皇宫苑，园中主要建筑命名为遂初堂、符望阁、倦勤斋。宁寿宫花园及其附近的一些建筑与建福宫花园有渊源关系，如：倦勤斋仿敬胜斋，符望阁仿延春阁，景福宫仿静怡轩，梵华楼仿慧曜楼，佛日楼仿吉云楼，转角楼仿玉壶冰等，但大多只取神似，而非原样照搬。

花园内，“明月清风无尽藏”的古华轩前有一株古楸树，每年春季花开时节，白中透紫，满目绚烂；乾隆皇帝钟爱的禊赏亭沉淀了孔子叹川、曾点言志和兰亭集雅；假山上的碧螺亭平面为五瓣梅花形，重檐五脊圆攒尖顶；“萝月松风合静观”的遂初堂名当取自西汉刘歆《遂初赋》（南宋临安集芳园内有“遂初容堂”，园本为宋高宗御苑，后为贾似道所有），堂前点缀着花草秀石；二层高的符望阁面阔进深各五间，底层装修纵横间隔，有“迷楼”之称（史载隋炀帝曾造迷楼），又巧用一个“望”字，既申“归政授玺”之愿望，又表“俯临常似披图画”之景观。

除了上述四大花园外，紫禁城内还有英华殿、寿安宫、文渊阁、景福宫等

英华殿前

乾隆花园一角

养性殿香雪堂内景

多处庭园景观，许多殿堂附近也曾有名木嘉卉，如：懋勤殿的古梅，养心殿的碧桃，断虹桥的十八槐，缎库的葫芦枣、鸡蛋枣，永寿宫的牡丹，承乾宫的梨花，养性门的文冠果，宁寿门的迎客松，文华门的海棠，内阁大堂的芍药等。清代还在各宫摆放鲜花，每天更换，道光以后改为只在养心殿、皇太后宫和皇后宫陈设。

金碧辉煌的宫殿，雕梁画栋的楼台，配以茂林修竹，绕以曲水清流，紫禁城，你这华美秀丽的天上人间；上有蓝色天空、白色云朵，中有黄色殿瓦、红色宫墙，下有白色台基、青色地砖，紫禁城，你这绚丽多彩的人间天宫。

—— 结　语 ——

无可奈何花落去

紫禁城的兴衰警示我们：自满封闭肯定招致祸患，居安思危方能保享太平，倒行逆施必定祸国殃民，顺应潮流才会获得新生。

然而，尽管很像，但紫禁城毕竟不是天上宫殿，也并非世外桃源，这就注定了它将饱尝人间的喜怒哀乐，承载时代的兴衰荣辱。

紫禁城的时代，中国封建社会发展到了高度成熟的阶段，成熟意味着完善，成熟也意味着停滞；紫禁城的时代，世界发展波澜壮阔，可惜的是，当千帆相竞、百舸争流时，中国这艘航船却驶入了一条岔道。

14、15 世纪，文艺复兴运动在西方广泛兴起，中世纪延续千年的蒙昧主义和禁欲主义遭到批判，从神学院中产生和发展了一些综合性大学，培养出大批知识精英和社会中坚，人文主义和理性思想成为社会的主要思潮，推动了文化艺术的繁荣、经济社会的发展和科学技术的进步。而在明清时期的中国，程朱理学被统治者树为正统思想，提倡“存天理，灭人欲”，摧残人性，磨灭个性，僵化的科举考试以“代圣人立言”为旨，反对独立思考，培养出大批因循守旧、厚古薄今的士大夫，社会风气趋于保守，民族精神渐显萎靡。

15 世纪和 16 世纪之交，西方实行拓海政策，鼓励和支持航海探险，1492 年哥伦布发现“新大陆”美洲，1498 年达·伽马打通东西航路到达印度，1519 年麦哲伦首次环球航行，这一系列行动宣告了世界海洋时代的来临，东西方各国之间的联系、交流大大增强，揭开了持续至今的全球化进程的序幕。明代于永乐三年至宣德八年（1405—1433 年）派郑和七次下西洋，本已触摸到了时代的脉搏并且占得先机，但其后为了防堵倭寇侵袭，长期实行海禁政策，禁造双桅船甚至“片板不许下海”；清初为了隔绝反清力量，继续禁海，并迁界筑墙，形成沿海无人带，最终使我国丧失了既有的海洋优势，导致闭关锁国、故步自封的被动局面。

15、16 世纪，西方新兴的封建诸侯借宗教改革打击当时在社会政治生活中占统治地位的天主教势力，反对教会在精神领域的绝对权威，强调分权制约和地方自治。而明清时期的中国，建立在小农经济基础之上的封建专制主义发展到极点。明代废除丞相，乾纲独揽，大设特务机构（洪武年间设锦衣卫、永乐年间设东厂、成化年间设西厂、正德年间设内行厂），实行恐怖统治，奉行“不

乾清宫龙椅

为君用”即“诛其身而没其家”，不惜罗织罪名，屡兴大狱（胡惟庸案、蓝玉案、空印案、郭桓案），永乐年间空前绝后的“诛十族”“瓜蔓抄”更是令人发指。清代设立军机处，架空内阁，强化皇权，又大兴文字狱，牵强附会，草菅人命，在号称盛世的康熙、雍正、乾隆三朝就发生文字狱数十起（如庄廷鑨《明史》案、戴名世《南山集》案、查嗣庭案、钱名世案、吕留良—曾静案、胡中藻案等），极大地禁锢了思想，摧残了文化，戕害了民族精神。

后人津津乐道的“康乾盛世”在中国思想家唐甄眼里是“四海之内，日益困穷……居官者去官而无以为家……农民冻馁……良贾无算”[康熙四十年（1701 年）语]，在英国特使马戛尔尼眼里是“遍地都是惊人的贫困”，“当我

“故宫博物院”匾额

们（指西欧）每天都在艺术和科学领域前进时，他们（指清廷）实际上正在变成半野蛮人”［乾隆五十八年（1793 年）语］。

即使是位居中国历史上最伟大君主之列的康熙皇帝、乾隆皇帝，也未能洞察当时世界发展的趋势，从而推动我国顺应潮流，抓住机遇，实现新的腾飞。其实，康熙皇帝从零星获得的西方知识中已经感到：“海外如西洋等国，千百年后中国恐受其累，此朕逆料之言。”可惜后来采取的是“节取其技能，而禁传其学术”的消极对策。

明清两朝几乎每位新君继位伊始，都励精图治，期望有所作为，但“靡不有初，鲜克有终”。更有统治者为了一己之私欲、一家之私利，冥顽不化，坐失变法图

乾清宫“正大光明”匾额

角楼一隅

强的历史机遇，令人扼腕痛惜！

睿智的马克思一针见血指出：“一个人口几乎占人类三分之一的大帝国，不顾时势，安于现状，人为地隔绝于世，并因此竭力以天朝尽善尽美的幻想自欺。这样一个帝国注定最后要在一场殊死的决斗中被打垮。”

1840 年，英国挑起鸦片战争，鸦片毒氲与枪炮硝烟一直飘散到紫禁城上空。

1860 年，英法联军入侵中国，圆明园的熊熊火焰使紫禁城的红墙黯然失色。

1894 年，从来仰视中国且曾同样遭受西方侵略的日本，经过“明治维新”后，在甲午战争中打败了清廷，紫禁城茫然错愕。

1900 年，八国联军入侵中国，为了“使中国人精神崩溃，并且永远不能从这个打击中恢复过来”，日、俄、英、法、德、美、意、奥八国共 2920 名官兵，

神武门西院海棠

从南到北穿过大清帝国的皇宫，耀武扬威，夕阳下的紫禁城欲哭无泪。

终于，紫禁城，帝国的心脏，在跳动 500 年后，再也不能承受这样的重负了，它在历史纵坐标与世界横坐标的交叉点上找到了自己新的位置：

1912 年，在全国此伏彼起的共和起义中，清帝宣布逊位，紫禁城成为历史。

1914 年，民国政府在紫禁城前半部成立古物陈列所。

1925 年，在逊帝出宫后，紫禁城后半部成立故宫博物院。

1948 年，故宫博物院合并古物陈列所，成为世界上最大的博物馆之一。

1961 年，故宫（紫禁城）成为中国第一批“全国重点文物保护单位”。

1987 年，故宫（紫禁城）被列入联合国教科文组织“世界遗产名录”。

燕山脚下、渤海之滨，在中国地图上，紫禁城犹如缀饰在中华母亲项链上的一颗明珠，焕发着熠熠夺目的光彩；欧亚大陆东腹、太平洋西岸，在世界地图上，紫禁城恰似镶嵌在地球祖母腰带上的一粒钻石，与埃及的大金字塔、希腊的帕特农神庙、意大利的古罗马斗兽场乃至法国的埃菲尔铁塔、美国的自由女神像等交相辉映。

如竹苞矣，如松茂矣，紫禁城，与民族共新生；如日之升，如月之恒，紫禁城，与天地共长存……

参考文献：

1. 明实录 [M]. 台北："中研院"历史语言研究所，1962 年校印本 .

2. 明史 [M]. 北京：中华书局，1974.

3. 清史稿 [M]. 北京：中华书局，1977.

4. 史记 [M]. 北京：中华书局，1982.

5. 清实录 [M]. 北京：中华书局，1986 年影印版 .

6. 十三经注疏 [M]. 杭州：浙江古籍出版社，1998 年影印版 .

7.（明）沈德符撰 . 万历野获编 [M]. 北京：中华书局，1959.

8.（明）叶盛撰；魏中平点校 . 水东日记 [M]. 北京：中华书局，1980.

9.（明）余继登著 . 典故纪闻 [M]. 北京：中华书局，1981.

10.（明）李清撰；顾思点校 . 三垣笔记 [M]. 北京：中华书局，1982.

11.（明）朱长祚撰；仇正伟点校 . 玉镜新谭 [M]. 北京：中华书局，1989.

12.（清）昭梿撰 . 啸亭杂录 [M]. 北京：中华书局，1980.

13.（清）于敏中编纂 . 日下旧闻考 [M]. 北京：北京古籍出版社，1981.

14.（清）梁章钜、朱智撰；何英芳点校 . 枢垣记略 [M]. 北京：中华书局，1984.

15.（清）鄂尔泰，张廷玉等编纂 . 国朝宫史 [M]. 北京：北京古籍出版社，1987.

16. 刘禺生撰；钱实甫点校 . 世载堂杂忆 [M]. 北京：中华书局，1960.

17. 章乃炜著 . 清宫述闻 [M]. 北京：北京古籍出版社，1988.

18. 郝侠君主编 . 中西 500 年比较 [M]. 北京：中国工人出版社，1989.

19. 万依、王树卿、刘潞著 . 清代宫廷史 [M]. 沈阳 : 辽宁人民出版社 , 1990.

20. 罗哲文等编撰 . 中国古代建筑 [M]. 上海 : 上海古籍出版社 , 1990.

21. 于倬云主编 . 紫禁城建筑研究与保护 [M]. 北京 : 紫禁城出版社 , 1995.

22. 万依主编 . 故宫辞典 [M]. 上海 : 文汇出版社 , 1996.

23. 朱家溍著;中国人民政治协商会议北京市委员会文史资料委员会编 . 故宫退食录 [M]. 北京 : 北京出版社 , 1999.

24. 单士元,于倬云主编;中国紫禁城学会编 . 中国紫禁城学会论文集·第 1 辑 [M]. 北京: 紫禁城出版社 , 1997.

25. 单士元,于倬云主编;中国紫禁城学会编 . 中国紫禁城学会论文集·第 2 辑 [M]. 北京: 紫禁城出版社 , 2002.

26. 朱家溍编著 . 明清室内陈设 [M]. 北京 : 紫禁城出版社 , 2004.

27. 李旻著 . 故宫史迹 [M]. 北京 : 国防大学出版社 , 2004.

28. 华浊水编著 . 中国帝王后宫私生活之谜全记录 [M]. 北京 : 大众文艺出版社 , 2004.

29. 朱诚如，王天有主编 . 明清论丛 第 1 辑 [M]. 北京 : 紫禁城出版社 , 1999.

30. 朱诚如，王天有主编 . 明清论丛 第 2 辑 [M]. 北京 : 紫禁城出版社 , 2001.

31. 朱诚如，王天有主编 . 明清论丛 第 3 辑 [M]. 北京 : 紫禁城出版社 , 2002.

32. 朱诚如，王天有主编 . 明清论丛 第 4 辑 [M]. 北京 : 紫禁城出版社 , 2003.

33. 朱诚如，王天有主编 . 明清论丛 第 5 辑 [M]. 北京 : 紫禁城出版社 , 2004.

附录：紫禁城明清24帝世系表

朝代	姓名	生卒（公元）	在位（公元）	年号	庙号	与前帝关系
明	朱棣	1360—1424	1403—1424	永乐	成祖	叔
明	朱高炽	1378—1425	1425—1425	洪熙	仁宗	子
明	朱瞻基	1399—1435	1426—1435	宣德	宣宗	子
明	朱祁镇	1427—1464	1436—1449	正统	英宗	子
明	朱祁钰	1428—1457	1450—1456	景泰	代宗	弟
明	朱祁镇	1427—1464	1457—1464	天顺	英宗	兄（复辟）
明	朱见深	1447—1487	1465—1487	成化	宪宗	子
明	朱祐樘	1470—1505	1488—1505	弘治	孝宗	子
明	朱厚照	1491—1521	1506—1521	正德	武宗	子
明	朱厚熜	1507—1566	1522—1566	嘉靖	世宗	堂弟
明	朱载垕	1537—1572	1567—1572	隆庆	穆宗	子
明	朱翊钧	1563—1620	1573—1619	万历	神宗	子
明	朱常洛	1582—1620	1620—1620	泰昌	光宗	子
明	朱由校	1605—1627	1621—1627	天启	熹宗	子
明	朱由检	1610—1644	1628—1644	崇祯	思宗	弟
清	爱新觉罗・福临	1638—1661	1644—1661	顺治	世祖	（改朝换代）
清	爱新觉罗・玄烨	1654—1722	1662—1722	康熙	圣祖	子
清	爱新觉罗・胤禛	1678—1735	1723—1735	雍正	世宗	子
清	爱新觉罗・弘历	1711—1799	1736—1795	乾隆	高宗	子
清	爱新觉罗・颙琰	1760—1820	1796—1820	嘉庆	仁宗	子
清	爱新觉罗・旻宁	1782—1850	1821—1850	道光	宣宗	子
清	爱新觉罗・奕詝	1831—1861	1851—1861	咸丰	文宗	子
清	爱新觉罗・载淳	1856—1875	1862—1874	同治	穆宗	子
清	爱新觉罗・载湉	1871—1908	1875—1908	光绪	德宗	侄子
清	爱新觉罗・溥仪	1906—1967	1909—1911	宣统	（无）	侄子